Cuisiner avec la
SAUCE
à spaghetti

Photo : CPI
Infographie : Luisa da Silva

**Catalogage avant publication de
Bibliothèque et Archives Canada**

Joachim, David

    Cuisinez avec la sauce à spaghetti :
    160 recettes à base de 5 variétés de sauces

    Traduction de : The spaghetti sauce gourmet.

1. Sauces.   2. Cuisine (Pâtes alimentaires).   I. Titre.

TX819.A1J6214 2007   641.8'14   C2006-942332-6

Pour en savoir davantage sur nos publications,
visitez notre site : **www.edhomme.com**
Autres sites à visiter : www.edjour.com
www.edtypo.com • www.edvlb.com
www.edhexagone.com • www.edutilis.com

01-07

L'ouvrage original a été publié
par Fair Winds Press,
succursale de Quayside Publishing Group
sous le titre The Spaghetti Sauce Gourmet

Dépôt légal : 2007
Bibliothèque et Archives nationales du Québec

ISBN 978-2-7619-2390-3

DISTRIBUTEURS EXCLUSIFS :

• Pour le Canada et les États-Unis :
  MESSAGERIES ADP*
  2315, rue de la Province
  Longueuil, Québec J4G 1G4
  Tél. : (450) 640-1237
  Télécopieur : (450) 674-6237
  * une division du Groupe Sogides inc.,
    filiale du Groupe Livre Quebecor Média inc.

• Pour la France et les autres pays :
  INTERFORUM editis
  Immeuble Paryseine, 3, Allée de la Seine
  94854 Ivry CEDEX
  Tél. : 33 (0) 4 49 59 11 56/91
  Télécopieur : 33 (0) 1 49 59 11 33
  Service commande France Métropolitaine
  Tél. : 33 (0) 2 38 32 71 00
  Télécopieur : 33 (0) 2 38 32 71 28
  Internet : www.interforum.fr
  Service commandes Export – DOM-TOM
  Télécopieur : 33 (0) 2 38 32 78 86
  Internet : www.interforum.fr
  Courriel : cdes-export@interforum.fr

• Pour la Suisse :
  INTERFORUM editis SUISSE
  Case postale 69 – CH 1701 Fribourg – Suisse
  Tél. : 41 (0) 26 460 80 60
  Télécopieur : 41 (0) 26 460 80 68
  Internet : www.interforumsuisse.ch
  Courriel : office@interforumsuisse.ch
  Distributeur : OLF S.A.
  ZI. 3, Corminboeuf
  Case postale 1061 – CH 1701 Fribourg – Suisse
  Commandes : Tél. : 41 (0) 26 467 53 33
                 Télécopieur : 41 (0) 26 467 54 66
                 Internet : www.olf.ch
                 Courriel : information@olf.ch

• Pour la Belgique et le Luxembourg :
  INTERFORUM editis BENELUX S.A.
  Boulevard de l'Europe 117,
  B-1301 Wavre – Belgique
  Tél. : 32 (0) 10 42 03 20
  Télécopieur : 32 (0) 10 41 20 24
  Internet : www.interforum.be
  Courriel : info@interforum.be

Gouvernement du Québec – Programme de crédit
d'impôt pour l'édition de livres – Gestion SODEC –
www.sodec.gouv.qc.ca

L'Éditeur bénéficie du soutien de la Société de
développement des entreprises culturelles du
Québec pour son programme d'édition.

Nous reconnaissons l'aide financière du
gouvernement du Canada par l'entremise du
Programme d'aide au développement de l'industrie
de l'édition (PADIÉ) pour nos activités d'édition.

David Joachim

Cuisiner avec la
SAUCE
à spaghetti

160 recettes
à base de 5 variétés
de sauces

Traduit de l'américain
par Carl Angers

LES ÉDITIONS DE
L'HOMME

Table des matières

Introduction

La sauce à spaghetti est souvent conçue de façon univoque : une façon simple et rapide d'apprêter les pâtes. Mais il y a tant d'autres choses à faire avec un bocal de sauce que de simplement le verser sur des nouilles. Il faut prendre ses distances par rapport aux pâtes alimentaires. Ce bocal de sauce tomate dans votre garde-manger pourrait devenir la base d'un liquide pour braiser des hauts de côtes de bœuf (page 44). On pourrait le combiner avec du jus d'orange, du safran et du xérès pour faire cuire des moules à l'orange et au safran (page 122). Un pesto préparé devient une croûte aromatique pour l'agneau grillé au pesto (page 79) ; ou on peut le mélanger à une purée de pommes de terre pour préparer du saumon grillé sur galettes de pommes de terre au pesto (page 113) ; ou en badigeonner un rôti pour préparer un filet de bœuf farci en croûte au pesto (page 46). Une sauce alfredo préparée peut servir dans d'innombrables plats, de la pizza blanche aux épinards et aux crevettes (page 168) à la bisque de champignons (page 192), en passant par le soc de porc braisé à l'alfredo (page 67).

Lorsqu'on songe aux ingrédients de base dans les sauces à pâtes répandues – tomates, crème, fromage parmesan et basilic –, on entrevoit d'infinies possibilités d'utiliser ces sauces de façon novatrice. Les tomates sont appréciées dans toutes les cuisines du monde, de l'Inde au Mexique, en passant par l'Italie, la France et l'Espagne. Diverses formes de crème sont largement utilisées dans la cuisine occidentale. En plus de présenter des plats américains classiques tels que le pâté au poulet facile (page 92), ce livre regorge de recettes simples de plats populaires du monde entier tels que les nouilles thaïlandaises aux crevettes (page 133), le porc déchiqueté à la Yucatán (page 50), l'agneau marocain avec couscous (page 80), le ragoût de fruits de mer catalan (page 199) et le poulet indien du nord, sauce tomate épicée (page 88).

En tout, vous apprendrez à préparer plus de 160 repas fabuleux à l'aide de sauces à pâtes préparées que l'on trouve au supermarché.

Comment j'ai élaboré les recettes

Je me suis drôlement amusé à inventer toutes ces recettes. Le défi était d'utiliser des ingrédients familiers de façon inusitée. Puisque la contrainte était d'utiliser des sauces préparées, j'ai supposé que la plupart des lecteurs seraient également disposés à prendre quelques raccourcis de plus au besoin.

Les recettes présentées ici font appel à des ingrédients frais et préparés dans le but de cuisiner des repas maison au meilleur goût possible dans le laps de temps le plus court possible. J'utilise sans vergogne les légumes préparés, la pâte préparée et autres aliments de commodité de bonne qualité tels que le vrai fromage parmesan râpé. L'utilisation de ces aliments préparés largement répandus diminue considérablement le temps de préparation à la cuisine. Soyons francs : la plus grande partie de notre temps passé à préparer la cuisine consiste à hacher, à trancher, à couper ou à émincer des oignons, des carottes, du céleri, des poivrons, de l'ail ou du gingembre. Heureusement, tous ces légumes sont maintenant disponibles déjà hachés, tranchés et émincés dans des bocaux ou des contenants au rayon des aliments réfrigérés de la plupart des épiceries.

Parcourez les recettes de ce livre et vous constaterez que la plupart ne demandent aucun travail de préparation des légumes. Les temps de préparation et de cuisson sont indiqués pour démontrer à quel point ces plats se préparent rapidement. Plus de 50 recettes se préparent en 15 minutes ou moins et des dizaines de recettes n'utilisent que cinq ingrédients ou moins. Ces recettes extrêmement faciles sont identifiées pour un repérage rapide.

Comment tirer le maximum de sauces à pâtes préparées

Les sauces à pâtes préparées peuvent jouer un rôle important dans la cuisine du chef pressé. Vous pouvez non seulement les améliorer pour les servir sur des pâtes mais vous pouvez les utiliser comme point de départ pour créer des repas novateurs et impressionnants.

Quelles sont les meilleures sauces ? En faisant des recherches pour ce livre et en élaborant les recettes, j'ai trouvé des centaines de sauces à pâtes de longue conservation disponibles en bocaux et en boîtes, ou en contenants réfrigérés et congelés. Des mélanges à sauce déshydratés sont également disponibles, mais ont tendance à être d'une qualité nettement inférieure lorsque comparés aux sauces réfrigérées, congelées ou en bocal.

Je souhaitais utiliser des ingrédients facilement accessibles pour la plupart des consommateurs, alors je me suis limité aux quatre sauces à pâtes les plus populaires sur le marché : sauce tomate ; pesto ; sauce alfredo ; et dans une moindre mesure la sauce au fromage cheddar. J'ai fait des recherches dans les supermarchés, les boutiques gastronomiques et les détaillants en ligne pour trouver les marques largement disponibles. Puis, j'ai réuni des voisins, des amis et des collègues pour goûter à des dizaines de sauces et trouver celles au meilleur goût. Bien entendu, je ne peux prétendre avoir goûté à tout. De nombreuses sauces sont des spécialités régionales ou locales provenant bien souvent de restaurants dans une ville en particulier. Par exemple, dans ma région de l'est de la Pennsylvanie, le restaurant italien familial Chez Louie prépare une sauce tomate et un pesto Belletieri qui sont très bons. D'autres régions ont leurs propres produits préférés. Je me suis concentré pour la plupart sur des marques qui sont disponibles dans les supermarchés, les boutiques gastronomiques et par achat en ligne.

La qualité de ces sauces varie énormément. Il y a une réelle différence, par exemple, entre la sauce tomate basilic Ragu et la sauce tomate basilic maison Rao, beaucoup plus chère. Malgré le fait que certains dégustateurs associaient tendrement les sauces moins chères avec leur enfance, ils s'accordaient pour dire que les sauces plus chères avaient meilleur goût. La plupart des sauces à pâtes de niveau supérieur ont un prix plus élevé en raison des ingrédients de haute qualité plus coûteux qui les composent.

Ce qui suit est un bref survol des sauces à pâtes communément disponibles pour vous aider à naviguer parmi toutes les possibilités. Ce n'est d'aucune façon un survol complet. Pour simplifier, j'ai regroupé les sauces selon trois catégories de prix. La catégorie 1 comprend les sauces très largement distribuées qui ont tendance à être moins chères et utiliser des ingrédients moins coûteux (tels que les oignons séchés au lieu des oignons frais). La catégorie 2 comprend les sauces entre-deux qui sont disponibles dans la plupart des marchés, ont tendance à coûter un peu plus et à utiliser des ingrédients légèrement plus coûteux (tels que de l'huile d'olive extra-vierge au lieu de l'huile de soja). La catégorie 3 met en vedette les sauces de luxe dont le prix est le plus élevé et dont les ingrédients sont de première qualité (tels que des tomates importées de San Marzano ou du basilic de la côte ligurienne) et ont tendance à n'être disponibles que dans les marchés régionaux ou en ligne. Il y a des trouvailles à faire dans chaque catégorie. Pour trouver votre sauce préférée, il s'agit d'essayer le plus de sauces possible, de décider ce que vous êtes prêt à payer et de rester fidèle aux saveurs que vous préférez.

Qu'y a-t-il dans le bocal ?

La première étape dans l'évaluation de toute sauce à pâtes est d'examiner la liste d'ingrédients. Les ingrédients peuvent en dire long sur la qualité de la sauce. Les meilleures sauces utilisent des ingrédients frais au lieu d'ingrédients séchés ou déshydratés. L'ail frais a un goût distinctement meilleur que l'ail en poudre. Si une sauce préparée commence par des oignons séchés ou de l'ail en poudre au lieu des équivalents frais, il ne reste que le sel, le sucre, le gras et les «saveurs naturelles» pour la rendre plus goûteuse. Cherchez des ingrédients entiers au lieu des purées et des reconstitutions. Les tomates en dés ont habituellement un goût plus complexe que les tomates écrasées, la purée de tomate ou la pâte de tomate. Évitez les amidons alimentaires modifiés et les gommes si possible. Ces ingrédients épaississent la sauce à bas prix mais ne peuvent rivaliser avec la texture d'une sauce que l'on a mijotée pour évaporer l'excès d'eau, concentrer la saveur et épaissir la consistance de façon naturelle.

Lorsque vous lisez l'étiquette, gardez en tête que les ingrédients sont énumérés par ordre de concentration, de la plus élevée à la plus faible. Si le premier ingrédient indique des tomates en dés, la sauce contient surtout des tomates en dés. Si la purée de tomate apparaît en premier lieu, la sauce contient surtout de la purée de tomate. Si le premier ingrédient est de l'eau, vous voudrez peut-être chercher une autre sauce.

Sauces tomate

Parcourez les tablettes de votre épicerie typique et vous serez inondé de choix pour la sauce tomate, dont la sauce marinara, arrabiata (avec piments forts), puttanesca (avec olives et/ou anchois, câpres et piments forts), sauce tomate basilic, sauce tomate à la vodka, sauce tomate au vin rouge, à l'ail et aux oignons, aux tomates séchées, aux piments, aux champignons, aux morceaux de légumes, aux épinards et au fromage, aux quatre fromages, à la viande, aux saucisses et ainsi de suite. Toutes ces variétés se réduisent à trois sauces tomate de base : marinara, tomate basilic et tomate à la vodka. La majorité de ces sauces sont vendues en bocaux de verre de 738 ml (26 oz) de longue conservation dans le rayon des pâtes ou près des légumes en conserve. Certaines marques de sauces, toutefois, comme la sauce Buitoni, sont vendues dans des contenants en plastique de 426 ml (15 oz). Les supermarchés vendent habituellement les sauces réfrigérées dans un rayon près des pâtes réfrigérées ou près des fromages.

Si vous faites des achats en ligne, les choix de sauces se trouvent décuplés. Vous pouvez acheter la sauce Gia Russa Marinara, la sauce bolognaise Williams-Sonoma, la sauce tomate réfrigérée à la vodka provenant directement des restaurants réputés Legal Sea Foods. Vous trouverez également des dizaines de produits régionaux et importations introuvables ailleurs. Dans ce livre, toutefois, j'ai limité mon survol aux marques largement répandues dans les supermarchés et les boutiques gastronomiques dans tout le pays. Heureusement, ces marchés vendent quelques sauces extraordinaires comme la sauce maison Rao.

SAUCE MARINARA ET TOMATE BASILIC

Strictement parlant, ces deux sauces diffèrent. La sauce marinara est traditionnellement une sauce de confection rapide comprenant des tomates, de l'ail, de l'huile d'olive, de l'origan ou du basilic et du sel (voir la page 20 pour une recette). Parfois, la sauce marinara est réduite en une purée lisse ; parfois, elle est consistante. C'est comme une salsa italienne : fraîche, légère et vive. La sauce tomate basilic, cependant, a davantage la consistance d'une sauce à la viande. Elle a une saveur plus prononcée, plus riche, et une texture plus épaisse. Typiquement, elle est mijotée plus longuement pour réduire les tomates et épaissir la sauce (voir la recette à la page 21). Mais dans l'univers des sauces tomate en bocal, il n'y a pas énormément de différences entre les deux. Vous pouvez tomber sur une sauce marinara riche et consistante comme vous pouvez vous retrouver avec une sauce tomate basilic insipide et délayée. Tout cela dépend du nom que le fabricant accole au produit.

Catégorie 1. Il s'agit des sauces tomate peu dispendieuses. Vous y trouverez les marques passe-partout telles que Ragu, Prego, Francesco

Rinaldi et Classico ainsi que quelques marques maison telles que Master's Choice (A & P) et Wegman's. Un coup d'œil rapide aux ingrédients expliquera pourquoi cette catégorie de sauces tomate est si bon marché. Le premier ingrédient est habituellement de la purée de tomate au lieu de tomates en dés ; ces marques utilisent fréquemment des oignons séchés, de l'ail en poudre et des herbes séchées au lieu des produits frais ; et l'huile d'olive est remplacée par de l'huile de soja. Le sucre figure généreusement dans la liste, en l'absence de tomates fraîches et mûres. Après avoir goûté à ces sauces, les dégustateurs ont choisi la sauce Classico Sweet Basil comme choix intéressant pour le prix. Comparée à ses concurrentes, cette sauce contient plus de morceaux de tomates, moins de purée de tomate et dégage visiblement un arôme de fraîcheur.

Catégorie 2. Parmi les sauces de prix moyen, on trouve les marques Barilla, Emeril's, Newman's Own, Muir Glen et Enrico's. La plupart des dégustateurs ont trouvé que la Muir Glen se démarquait du groupe. Vous pouvez goûter les oignons et les tomates frais, l'huile d'olive extra-vierge, le basilic et le fenouil – une herbe que l'on ne trouve pas dans les autres sauces. En outre, elle est biologique. Son goût est le plus frais et le plus vif du lot. La marque Barilla au prix légèrement plus élevé arrive de justesse en deuxième place.

Catégorie 3. Parmi ces produits de luxe, on trouve entre autres les marques Patsy's, Rao's Homemade, Mario Batali, Lidia's, Coco Pazzo, Victoria, Flora, Ventura, Coppola et Bove's. La sauce marinara réfrigérée Buitoni tombe également dans cette catégorie en raison de son prix élevé. J'ai exclu la marque Williams-Sonoma en raison de son prix beaucoup plus élevé. Quoi qu'il en soit, il a été difficile de faire un premier choix dans ce groupe ; les dégustateurs ont fait l'éloge de chacun des produits. À la fin, c'est la marque Rao's qui s'est distinguée. La qualité des tomates et de l'huile d'olive importées, des oignons, de l'ail et du basilic frais lui confèrent une saveur riche et vive. Un peu plus et vous goûtez la marmite de fonte utilisée pour faire cuire les tomates. Si vous cherchez une aubaine dans cette catégorie, la marque Flora arrive bonne deuxième et coûte beaucoup moins cher que la sauce Rao's.

SAUCE TOMATE À LA VODKA

Cette sauce est souvent servie dans les restaurants avec des pâtes penne. C'est une variante de la sauce tomate habituelle de type marinara, onctueuse, avec de l'oignon, de l'ail, une petite quantité de vodka et une bonne quantité de crème, ce qui en fait une sauce très riche et épaisse de couleur pâle (entre le rose et l'orange). Parfois, on y ajoute du fromage parmesan et du prosciutto. Pour une recette maison, voir la variante de la sauce marinara rapide à la page 20.

Catégorie 1. Des produits comme la sauce à la vodka Francesco Rinaldi de première qualité ne sont pas chers, mais ne vous emballez pas pour autant. Les deux premiers ingrédients de cette marque de sauce à la vodka sont la purée de tomate et le fromage à la crème. Le fromage à la crème peu typique rend cette sauce trop épaisse. Les autres sauces au même prix sont également décevantes. Si vous affectionnez particulièrement la sauce à la vodka, essayez de passer à la catégorie 2 à tout le moins. Il se peut que le coût de fabrication d'une sauce combinant crème et vodka soit trop onéreux pour l'offrir à un prix si modique.

Catégorie 2. Les sauces Bertolli, Emeril's et Newman's Own tombent dans cette catégorie. Parmi celles-ci, la Bertolli est arrivée première, avec la Newman's Own qui la talonnait. Les dégustateurs ont aimé la texture riche, la saveur douce et les morceaux de tomates et d'oignons de ces deux produits.

Catégorie 3. Les sauces à la vodka de niveau supérieur incluent les produits Victoria, Bove's, Patsy's, Flora et Rao's. Il est intéressant de noter que ni Rao's ni Victoria ne contiennent de crème, un ingrédient typique, et la remplacent par des quantités généreuses de fromage parmesan, romano ou les deux. Encore une fois, les dégustateurs ont préféré le goût de la sauce Rao's, même si la texture est moins crémeuse que la sauce à la vodka. La sauce Patsy's était un peu plus crémeuse mais globalement le goût et la fraîcheur de la sauce Rao's l'ont finalement emporté.

Pestos

Le pesto au basilic est une simple pâte composée de feuilles de basilic, de pignons, d'ail, de fromage parmesan et huile d'olive. On peut varier le goût en variant les herbes, le fromage ou les proportions d'ingrédients, et vous trouverez beaucoup de variantes sur le marché. Une variante que l'on trouve fréquemment est le pesto rouge, préparé en ajoutant des tomates séchées (ou de la pâte de tomate dans le cas des produits bon marché). Cette sauce est si rapide à cuisiner dans un robot culinaire que je vous suggère de préparer des quantités de pesto frais au moment où le basilic est disponible en abondance durant l'été. Vous pouvez le congeler dans des contenants pour être utilisé quand vous en avez besoin. Vous trouverez une recette simple à la page 23.

En cas de besoin, vous trouverez des pestos plutôt goûteux sous forme réfrigérée, congelée ou en bocal. Les meilleures marques n'utilisent que des pignons dans leur pesto mais quelques très bonnes marques utilisent un mélange de noix de cajou et de pignons. D'autres lésinent en utilisant du basilic séché au lieu du frais. Les marques importées qui utilisent du basilic frais ont habituellement meilleur goût que les marques domestiques.

Vous trouverez les pestos en bocal au rayon des pâtes et des sauces à pâtes en bocal de votre supermarché. S'ils ne s'y trouvent pas, essayez le rayon des poivrons rôtis en bocal ou des condiments. Les pestos réfrigérés sont habituellement vendus avec les pâtes fraîches ou les fromages.

Catégorie 1. Parmi les marques les moins chères de pesto, on trouve Classico, DaVinci, Sacla et Monterey Bay. Certains fabricants utilisent des pommes de terre ou flocons de pommes de terre pour épaissir la sauce et lui donner plus de consistance. Il se peut que de l'huile de tournesol ou de soja remplace l'huile d'olive pour réduire les coûts. Il est néanmoins possible de tomber sur un pesto acceptable dans cette catégorie. Ici, la marque DaVinci avait la meilleure saveur de basilic frais et la texture la plus agréable. Sacla n'était pas loin derrière, bien que les dégustateurs l'aient trouvé un peu salé.

Catégorie 2. Ces pestos de prix moyen incluent les produits Roland, Flora, Victoria et Buitoni (une marque réfrigérée). La plupart des marques maison de supermarché tombent également dans cette catégorie de prix (on les trouve habituellement en vrac avec les salades ou les olives). Deux caractéristiques principales distinguent ce groupe : le basilic frais et l'huile d'olive extra-vierge, les deux étant importés d'Italie lorsqu'il s'agit des meilleures marques. Les marques qui se sont distinguées ici sont Victoria et Flora. Les deux pestos au basilic ont une couleur vert vif et un riche parfum qui rappelle celui des feuilles de basilic frais. Le pesto Victoria est arrivé premier parce qu'il est moins salé, mettant la saveur du basilic frais en valeur.

Catégorie 3. Ici vous trouverez des marques telles que Sole Mediterraneo, Rustichella D'Abruzzo, Alessi, la pâte de pesto concentré Amore et Whole in the Wall (congelé). Parmi ces pestos de première qualité, les dégustateurs ont trouvé que le Rustichella D'Abruzzo ressortait avec la meilleure saveur et le plus frais parfum de basilic sans être trop huileux ou salé. Whole in the Wall est arrivé, quand à lui, bon deuxième.

Sauce alfredo

Passons maintenant aux sauces à pâtes à base de produits laitiers. D'après l'expert en alimentation italienne, John Mariani, les pâtes fettuccine alfredo (ou fettuccine alla panna) furent créées en 1914 par le restaurateur romain Alfredo di Lelio. À l'origine, la sauce était un mélange de beurre maison très riche et de fromage parmesan épaissi à la farine. La plupart des versions modernes de la sauce alfredo laissent tomber la farine et utilisent une crème épaisse à la place. Vous pouvez aussi trouver des sauces alfredo aux tomates séchées ou autres saveurs. La sauce alfredo est meilleure servie fraîche en raison de la prépondérance de produits laitiers dans sa composition. En outre, la sauce alfredo se conserve au réfrigérateur pendant plusieurs jours. Pour une recette maison, essayez la sauce alfredo simple de la page 24.

Des sauces alfredo du commerce sont disponibles mais les versions réfrigérées et en bocal se comparent difficilement au produit frais. Des bocaux de sauce alfredo de 455 ml (16 oz) sont habituellement vendus avec les sauces tomate dans les épiceries. Des contenants réfrigérés sont vendus avec les pâtes fraîches ou les fromages.

Catégorie 1. Dans la catégorie bon marché, vous trouverez des marques telles que Ragu ; toutefois, il est difficile de préparer une sauce alfredo délicieuse à prix si modique. Comme pour la sauce à la vodka, il est essentiel d'utiliser des produits laitiers de bonne qualité pour réussir la sauce. Si vous aimez la sauce alfredo, je vous conseille de passer à la prochaine catégorie.

Catégorie 2. Bertolli et Classico dominent cette catégorie, qui comprend également des marques à faible teneur en calories telles que Walden Farms. Ces sauces alfredo contiennent souvent des jaunes d'œuf, des gommes et autres épaississeurs non traditionnels. Dans cette catégorie, les dégustateurs ont trouvé que la marque Classico avait la texture la plus agréable, n'était pas trop salée et renfermait une quantité appréciable de poivre noir pour masquer tout défaut d'arôme.

Catégorie 3. Les marques de première qualité de sauce alfredo sont réfrigérées pour préserver la délicate fraîcheur de la sauce. Des marques populaires telles que Buitoni et DiGiorno figurent aux côtés de marques régionales ou locales plus difficiles à trouver et préparées par des restaurants. Parmi les marques distribuées à grande échelle, Buitoni a reçu la meilleure note des dégustateurs pour sa teneur élevée en beurre, en crème et en fromage, avec le moins d'additifs. Elle est très riche (140 calories et

11 g de gras pour 60 ml ou ¼ tasse) comme il se doit pour la sauce alfredo. Elle est également un peu moins salée que la marque DiGiorno.

Sauce au fromage cheddar

Voici la sauce qui agrémente parfaitement le macaroni au fromage. Cette sauce à pâtes est essentiellement une sauce blanche (beurre, farine et lait) préparée avec du fromage cheddar que l'on peut préparer à la maison en moins de 15 minutes. Je recommande de la cuisiner vous-même, en raison de sa grande simplicité. Même si vous utilisez un cheddar de

Guide sur le rendement des contenants

Dans la mesure du possible, j'ai essayé d'utiliser des contenants entiers de sauce pour les recettes de ce livre. Toutefois, parfois 250 ou 375 ml (1 ou 1 ½ tasse) suffisent. Voici un guide sur les contenants typiques pour les sauces à pâtes et le rendement de chacun en volume. Si vous voulez conserver des restes de sauce, sachez que le pesto se conserve au réfrigérateur 1 à 2 semaines (ou plusieurs mois au congélateur) ; la sauce tomate se conserve 4 à 5 jours au réfrigérateur (ou plusieurs mois au congélateur) ; la sauce alfredo et la sauce au fromage cheddar se conservent 3 à 4 jours au réfrigérateur.

Sauce	Quantité	Rendement (approx.)
Sauce tomate basilic, marinara ou à la vodka	738 ml (26 oz)	750 ml (3 tasses)
Sauce tomate basilic, marinara ou à la vodka	Contenant réfrigéré de 426 ml (15 oz)	425 ml (1 ¾ tasse)
Pesto	Bocal ou contenant de 200 ml (7 oz)	250 ml (1 tasse)
Pesto	Bocal de 284 ml (10 oz)	325 ml (1 ⅓ tasse)
Sauce alfredo	Bocal de 455 ml (16 oz)	425 ml (1 ¾ tasse)
Sauce alfredo	Contenant réfrigéré de 284 ml (10 oz)	250 ml (1 tasse)
Sauce au fromage cheddar	Bocal de 455 ml (16 oz)	425 ml (1 ¾ tasse)

qualité inférieure, la qualité du résultat surclassera tout ce que vous pouvez acheter en bocal.

Si vous êtes pressé, il n'y a qu'une marque de sauce au fromage cheddar distribuée à grande échelle : Ragu Double Cheddar. Elle est très douce au goût avec une texture très délayée mais vous pouvez l'améliorer sensiblement en y ajoutant environ 250 ml (1 tasse) de fromage cheddar râpé par 250 ml (1 tasse) de sauce.

L'utilisation des sauces maison

Lorsqu'il s'agit de comparer une sauce à pâtes préparée avec une sauce maison, la grande question est de savoir si on peut acheter une sauce réfrigérée, en bocal ou congelée qui en vaut le prix. En d'autres mots, sera-t-elle aussi bonne ou meilleure que la sauce maison ?

Dans la plupart des cas, la réponse est non. Après avoir testé les meilleures sauces à pâtes, je dois avouer que les sauces maison ont presque toujours meilleur goût – du moment que vous utilisez des ingrédients de bonne qualité. Peut-être s'agit-il d'un plaisir impondérable de préparer soi-même sa nourriture à la maison ? Mais je soupçonne plutôt qu'il est physiquement impossible qu'une sauce préparée, cuisinée, emballée et expédiée des mois d'avance puisse atteindre les mêmes sommets de saveur que l'on trouve dans une sauce fraîche. Peut-être la saveur est-elle un élément fugace qu'il convient de savourer sur-le-champ dans le temps qui nous est immédiatement donné…

Si vous êtes prêt à travailler un peu plus pour préparer un bon repas, gardez ceci en tête : les sauces à pâtes les plus populaires sont celles qui prennent très peu de temps à préparer. C'est vrai ! Le pesto au basilic se prépare rapidement dans un robot culinaire en moins de 5 minutes (sans cuisson). La sauce alfredo n'est qu'un mélange de beurre, de crème et de fromage parmesan fondus dans une poêle (moins de 8 minutes). Même la sauce tomate peut se faire rapidement. Une bonne sauce marinara peut être mijotée en tout juste 20 minutes avec moins de cinq ingrédients. Et une sauce tomate basilic aux riches saveurs peut mijoter toute seule 40 minutes pendant que vous vaquez à vos occupations. Lorsque c'est possible, faites-vous le plaisir de savourer une nourriture des plus satisfaisantes en préparant vous-même ces sauces simples à la maison. Des recettes de base pour la sauce marinara, la sauce tomate basilic, la sauce alfredo, le pesto au basilic, la sauce au fromage cheddar et d'innombrables variantes sont données à partir de la page 20.

L'utilisation d'autres ingrédients de commodité

Voilà pour le prêchi-prêcha. Je sais que la plupart des cuisiniers recherchent le meilleur à moindres frais. J'ai donc fait tous les efforts requis pour simplifier les recettes de ce livre en coupant sur le temps de préparation lorsque c'est possible. J'utilise des aliments de commodité comme les oignons hachés, les feuilles de laitues lavées et les pâtes réfrigérées ou surgelées. Voici un guide rapide sur ces aliments de commodité.

Bacon. Les recettes de ce livre exigent diverses sortes de bacon, dont le bacon de dos, la pancetta (bacon italien non fumé) et la poitrine fumée. Pour gagner du temps, certaines recettes exigent du bacon précuit. Je ne fais pas référence ici au similibacon en bocal. Il y a du vrai bacon précuit en tranches ou émietté qui est vendu avec le bacon tranché dans la plupart des supermarchés. On n'a qu'à le réchauffer et il remplace convenablement le bacon fraîchement cuit si vous manquez de temps. Hormel est une bonne marque dans ce domaine.

Bouillon. Si vous ne faites pas votre propre bouillon, les fonds concentrés sont votre meilleur choix. Les fonds concentrés ont une saveur plus riche que les bouillons ou consommés en conserve, contiennent moins de sel et se conservent pendant des mois au réfrigérateur. Les fonds concentrés sont habituellement vendus en bocaux de 227 ml (8 oz) (dans des marques populaires comme Better Than Bouillon) à saveur de bœuf, de poulet, de légumes et même de homard. Ajoutez juste un peu d'eau pour un goût prononcé ou beaucoup d'eau pour un goût plus doux. Si vous achetez des bouillons en conserve ou en boîte, choisissez les variétés à teneur réduite en sodium pour contrôler la quantité de sel que vous ajoutez.

Fromage. Pour un meilleur goût, utilisez des fromages en meule. Si vous manquez de temps, cependant, utilisez du fromage râpé en filaments, mozzarella, Monterey Jack ou autre fromage populaire disponible au rayon des produits laitiers de votre épicerie. Vous trouverez du fromage feta et bleu émietté au rayon des fromages ou avec le hoummos et les pâtes fraîches. Vous y trouverez également du vrai parmesan, romano ou asiago râpé dans des marques telles que DiGiorno en contenants de 140 à 170 ml (5 à 6 oz). Ces fromages râpés ont un goût beaucoup plus frais et une texture bien meilleure que le fromage «parmesan» vendu en boîtes alimentaires vertes.

Pâtes. L'utilisation de pâtes réfrigérées et surgelées pour la pizza, le pain, la pâte feuilletée et la pâte à tarte vous épargnera beaucoup de temps de préparation dans la cuisine. La pâte à pizza réfrigérée ou surgelée est plus utile que les croûtes de pizza cuites parce que vous pouvez la façonner comme vous voulez, la remplir pour préparer des plats comme les calzones au jambon et au fromage (page 183) ou la fourrer pour faire une pizza épaisse farcie à la saucisse (page 164). De la même façon, la pâte feuilletée surgelée ou les vol-au-vent en pâte phyllo simplifient la préparation de hors-d'œuvre élaborés. Vous n'avez qu'à les passer au four et à les farcir. Cela vaut également pour la pâte à tarte préparée que l'on peut maintenant acheter sous forme de feuilles réfrigérées au lieu de croûtes à tarte. Les feuilles réfrigérées peuvent être façonnées en quiches, en tartelettes et en tartes de diverses grandeurs ; voir par exemple la quiche aux tomates séchées et aux asperges (page 239). Vous trouverez la pâte à tarte réfrigérée avec les autres pâtes et tortillas réfrigérées au rayon des produits laitiers.

Laitues. Les feuilles lavées et parées d'épinard, de roquette et autres mélanges à salade sont une denrée appréciée par les cuisiniers occupés. Si vous achetez des jeunes pousses, vous n'avez même pas besoin de les hacher. Plusieurs recettes utilisent ces laitues en sac pour accélérer le temps de préparation.

Légumes préparés. Cette catégorie immense de nouveaux aliments de commodité a révolutionné le rayon des légumes. En plus de la salade en sac, vous trouverez maintenant des contenants d'oignons, de carottes, de céleri et de poivrons frais hachés, tranchés, râpés et/ou émincés. Certains supermarchés offrent également des poivrons et des oignons coupés et surgelés au rayon des surgelés. Vous en avez assez de peler et d'émincer l'ail et le gingembre ? Achetez de l'ail et du gingembre émincé en bocal. Si possible, choisissez l'ail émincé conservé dans l'huile au lieu de l'eau. Le goût de l'ail est mieux conservé dans l'huile et quand l'ail est utilisé, vous pouvez utiliser l'huile aromatisée à l'ail pour la cuisson. Certaines marques d'ail émincé sont vendues au rayon des légumes alors que d'autres se trouvent avec les pâtes et les sauces. Le gingembre émincé se trouve soit avec l'ail émincé soit au rayon des aliments asiatiques.

Viandes marinées. Quelques recettes de ce livre utilisent des viandes marinées, par exemple le filet de porc mariné au poivre. Ces produits sont de plus en plus disponibles au rayon des viandes et sauvent évidemment beaucoup de temps. Vous trouverez des gigots d'agneau, des rôtis, des côtes levées et des côtelettes de porc, des poitrines et filets de dinde et de poulet avec divers assaisonnements : teriyaki, ail et fines herbes et poivre.

Condiments aux légumes. Les bocaux de poivrons rouges rôtis, cœurs d'artichauts marinés, câpres saumurées et tomates séchées dans l'huile ajoutent de belles touches de saveur à très peu de frais. Les tomates séchées dans l'huile sont prêtes à utiliser et sont vendues en moitiés, en lanières ou en dés, dépendant de vos besoins. Vous trouverez des condiments aux légumes comme ceux-ci au rayon des condiments de votre supermarché (près des ketchups et des sauces piquantes), au rayon des légumes ou au rayon des pâtes et des sauces.

Vin. Bien que n'étant pas normalement considéré comme un aliment de commodité, le vin en est tout de même du goût en bouteille. Gardez des vins rouges et blancs bon marché à portée de main pour la cuisson. Je les utilise la plupart du temps pour faire mijoter une viande rissolée ou des légumes sautés dans la poêle. En réduisant, le vin concentre sa saveur et ajoute énormément de profondeur à de simples sauces poêlées.

Les marques de sauces à pâtes et autres produits de commodité que l'auteur a présentés sont disponibles surtout aux États-Unis. Si vous n'en trouvez pas dans votre région, vous pouvez les remplacer par des produits offerts dans les marchés d'alimentation situés à proximité de

Sauce marinara rapide

La sauce marinara est une sauce tomate rapide d'origine italienne et américaine. On peut la réduire en purée et l'utiliser avantageusement comme sauce à pizza. On utilise communément des tomates en boîte pour accélérer la préparation. Pour cette sauce, utilisez les meilleures tomates en boîte disponibles, par exemple les tomates italiennes San Marzano. Si les tomates ne sont pas suffisamment rouges, mûres et délicieuses, ajoutez de ½ à 1 c. à café (½ à 1 c. à thé) de sucre pour équilibrer l'acidité des tomates. En italien, marinara signifie « à la marinière ». Comme vous pouvez le deviner, cette sauce légère et fraîche convient parfaitement aux fruits de mer. Certaines sauces marinara contiennent également des anchois.

60 ml (¼ tasse) d'huile d'olive extra-vierge
175 ml (¾ tasse) d'oignons hachés
1 c. à soupe d'ail émincé conservé dans l'huile
1 boîte (796 ml ou 28 oz) de tomates italiennes en purée
3 c. à soupe de basilic ou persil frais, haché ou 1 c. à café (1 c. à thé)
** de basilic ou origan séché**
sel et poivre noir moulu

Faire chauffer l'huile dans une grande poêle à feu moyen. Ajouter les oignons et l'ail et faire revenir 3 à 5 min pour les faire dorer légèrement. En travaillant près de la poêle, prendre les tomates une par une de la boîte. Saisir l'extrémité pédonculaire de la tomate, puis pincer et évider. Jeter le cœur et déchirer la chair avec les doigts. Laisser tomber les morceaux de tomate dans la poêle. Répéter pour chaque tomate. Verser la moitié du jus de conserve dans la poêle et ajouter 2 c. à soupe de basilic ou persil (ou toute la quantité d'herbes séchées). Porter à ébullition, puis réduire le feu à moyen-doux et cuire 10 à 15 min, jusqu'à ce que les tomates se défassent. Pour une sauce plus épaisse, écraser les tomates à l'aide d'une cuillère de bois pendant la cuisson.

Préparation = 5 min **Cuisson** = 20 min **Rendement** = env. 750 ml (3 tasses)

Assaisonner au goût. Incorporer la c. à soupe de basilic ou persil restant. La sauce peut être refroidie et réfrigérée dans un contenant hermétique jusqu'à 2 jours ou congelée jusqu'à 2 mois.

Voici quelques variantes populaires :

Sauce marinara au vin rouge : Ajouter 125 ml (½ tasse) de vin rouge après la cuisson de l'ail et laisser mijoter pour réduire d'environ la moitié.

Sauce marinara onctueuse : Après la cuisson, réduire en purée à l'aide d'un moulin, d'un mélangeur à main dans la poêle, d'un mélangeur ou d'un robot culinaire.

Sauce marinara épaisse : Incorporer 2 c. à soupe de pâte de tomate avec les tomates.

Sauce marinara piquante (arrabiata) : Ajouter de ¼ à ½ c. à café (¼ à ½ c. à thé) de flocons de piment fort avec l'ail.

Sauce tomate à la vodka : Faire sauter 250 ml (1 tasse) d'oignons hachés avec l'ail. Après la cuisson, réduire le mélange en purée, ajouter 60 ml (¼ tasse) de vodka et porter à ébullition. Réduire le feu à moyen et laisser mijoter 5 min. Réduire le feu à doux et réduire en purée. Incorporer 125 ml (½ tasse) de crème épaisse, crème légère ou crème 50-50 (11,5 % M.G.) et 125 ml (½ tasse) de fromage parmesan.

Sauce tomate basilic mijotée

La sauce à spaghetti est typiquement mijotée plus longuement que la sauce marinara pour intensifier les saveurs et épaissir la texture. Dans cette sauce, le goût sucré des carottes atténue l'acidité des tomates. Les oignons et le céleri complètent la composition des saveurs. Des tomates en boîte sont utilisées ici pour la commodité. Pour un meilleur goût, utilisez des tomates italiennes fraîches et mûres (environ 1,1 kg ou 2 ½ lb, pelées, épépinées et hachées). Pour une saveur plus riche, ajoutez 250 ml (1 tasse) de vin rouge après avoir fait sauter l'ail et

Préparation = 7 min **Cuisson** = 50 min **Rendement** = env. 1 litre (4 tasses)

laissez mijoter jusqu'à réduction d'environ la moitié. Vous pouvez doubler la recette si désiré. La sauce peut être conservée au congélateur jusqu'à 2 mois.

60 ml (¼ tasse) d'huile d'olive extra-vierge

375 ml (1 ½ tasse) d'oignons hachés

175 ml (¾ tasse) de carottes hachées

125 ml (½ tasse) de céleri haché

1 c. à soupe d'ail émincé conservé dans l'huile

2 boîtes (796 ml ou 28 oz) de tomates italiennes en purée

2 c. à soupe de pâte de tomate (facultatif)

60 ml (¼ tasse) de basilic frais haché ou 2 c. à café (2 c. à thé)
  de basilic séché

sel et poivre noir moulu

Faire chauffer l'huile dans une grande poêle profonde ou casserole moyenne à feu moyen. Ajouter les oignons, les carottes et le céleri et faire revenir 6 à 8 min jusqu'à ce que les légumes soient attendris et légèrement dorés. Ajouter l'ail et cuire 2 min. En travaillant près de la poêle, prendre les tomates une par une de la boîte. Saisir l'extrémité pédonculaire de la tomate, puis pincer et évider. Jeter le cœur et déchirer la chair avec les doigts. Laisser tomber les morceaux de tomate dans la poêle. Répéter pour chaque tomate. Verser le jus d'une des boîtes dans la poêle. Incorporer la pâte de tomate, le cas échéant, et 2 c. à soupe de basilic frais (ou toute la quantité de basilic séché). Porter à ébullition, puis réduire le feu à moyen-doux et laisser mijoter doucement 35 à 45 min, jusqu'à ce que les tomates se défassent et épaississent et la sauce réduise. Assaisonner et incorporer le basilic frais restant. Pour une sauce onctueuse, laisser refroidir légèrement et réduire en purée à l'aide d'un moulin, d'un mélangeur à main dans la poêle, d'un mélangeur ou d'un robot culinaire. La sauce peut être refroidie et réfrigérée dans un contenant hermétique jusqu'à 2 jours ou congelée jusqu'à 2 mois.

Pour ajouter un peu de saveur :

Sauce tomate aux champignons : Ajouter 225 g (½ lb) de champignons blancs ou cremini (environ 500 ml ou 2 tasses) avec l'ail et cuire 5 min.

Sauce tomate aux poivrons rouges rôtis : Ajouter 250 ml (1 tasse) de poivrons rouges rôtis égouttés avec les tomates.

Sauce tomate aux morceaux de légumes : Ajouter 250 ml (1 tasse) de poivrons hachés avec les oignons. Ajouter 250 ml (1 tasse) de champignons avec l'ail. Ajouter 175 ml (¾ tasse) de courgette hachée environ 15 min avant la fin du temps de cuisson. Ne pas réduire en purée.

Sauce tomate aux quatre fromages : Ajouter 125 ml (½ tasse) de fromage parmesan râpé, romano ou grana padano râpé, provolone râpé en filaments et ricotta environ 15 min avant la fin du temps de cuisson.

Sauce tomate à la viande : Ajouter 340 g (12 oz) de bœuf et/ou porc haché maigre avec l'ail et cuire 5 à 8 min en défaisant la viande avec une cuillère jusqu'à ce qu'elle soit cuite.

Sauce tomate à la saucisse italienne : Ajouter 340 g (12 oz) de saucisse italienne douce ou piquante (sans boyau au besoin) avec l'ail et cuire 5 à 8 min en la défaisant avec une cuillère jusqu'à ce que la viande soit cuite.

Pesto au basilic

Cette sauce fraîche ne prend que quelques minutes à préparer et se garde au congélateur pendant des mois. Préparez-la l'été quand le basilic frais est disponible en abondance. Congelez-la dans des contenants, puis grattez la quantité qu'il vous faut. Elle aura meilleur goût que tout ce que vous pouvez acheter dans un bocal. Et elle dégèlera en quelques minutes, ou instantanément lorsque mélangée à un aliment chaud.

2,5 litres (10 tasses) de feuilles de basilic frais légèrement tassées
500 ml (2 tasses) de fromage parmesan râpé
175 ml (¾ tasse) de pignons
2 c. à café (2 c. à thé) d'ail émincé conservé dans l'huile
1 c. à café (1 c. à thé) de sel
¼ c. à café (¼ c. à thé) de poivre noir moulu
175 à 250 ml (¾ à 1 tasse) d'huile d'olive extra-vierge

Mettre le basilic, le fromage, les pignons, l'ail, le sel et le poivre dans un robot culinaire. Hacher finement environ 30 sec. Gratter les parois du robot, puis

Préparation = 7 min **Cuisson** = 50 min **Rendement** = env. 1 litre (4 tasses)

ajouter 175 ml (¾ tasse) d'huile et mélanger environ 20 sec en grattant les parois au besoin pour obtenir une pâte coulante. Ajouter jusqu'à 60 ml (¼ tasse) d'huile supplémentaire pour obtenir un pesto plus huileux et plus coulant. Remplir deux petits contenants hermétiques avec le mélange et réfrigérer jusqu'à 1 semaine ou congeler jusqu'à 8 mois.

Voici une variante intéressante :
Pesto aux tomates : Ajouter 125 ml (½ tasse) de tomates séchées dans l'huile avec le basilic.

Sauce alfredo

Cette sauce rapide que l'on sert par tradition avec des fettuccine est ultra-riche. Si possible, utilisez de la crème fraîche épaisse (et non celle qui est ultra-pasteurisée) et du parmigiano-reggiano de première qualité. Râpez le fromage vous-même pour plus de fraîcheur. Avec si peu d'ingrédients, la qualité est primordiale ici. Ajoutez une pincée de muscade si désiré.

6 c. à soupe de beurre
250 ml (1 tasse) de crème épaisse
250 ml (1 tasse) de fromage parmesan fraîchement râpé
sel et poivre noir moulu

Faire fondre le beurre dans une grande poêle à feu moyen. Ajouter la crème et chauffer 2 à 3 min jusqu'au frémissement. Retirer du feu et incorporer le fromage parmesan jusqu'à ce qu'il soit fondu et bien mélangé. Assaisonner. Servir immédiatement ou laisser refroidir et réfrigérer jusqu'à 1 jour.

Voici une variante savoureuse :
Sauce alfredo aux tomates séchées : Ajouter 125 ml (½ tasse) de tomates séchées conservées dans l'huile hachées finement avec le parmesan.

Préparation = 5 min **Cuisson** = 50 min **Rendement** = 625 ml (2 ½ tasses)

Sauce au fromage cheddar

Le goût de cette sauce facile à préparer détrônera toute sauce au fromage achetée, surtout si vous utilisez du lait entier et un cheddar de bonne qualité.

4 c. à soupe de beurre

60 ml (¼ tasse) de farine tout usage

500 ml (2 tasses) de lait chauffé au four à micro-ondes ou dans une petite casserole

375 ml (1 ½ tasse) de fromage cheddar fort râpé en filaments

1 c. à café (1 c. à thé) de sel

1 c. à café (1 c. à thé) de paprika

1 c. à café (1 c. à thé) de moutarde de Dijon (facultatif)

⅛ c. à café (⅛ c. à thé) de muscade (facultatif)

⅛ c. à café (⅛ c. à thé) de poivre noir moulu

Faire fondre le beurre dans une casserole moyenne à feu moyen. Incorporer la farine en fouettant et cuire 1 à 2 min. Réduire le feu à moyen-doux et incorporer doucement 250 ml (1 tasse) de lait en fouettant sans cesse pour empêcher la formation de grumeaux. Incorporer les 250 ml (1 tasse) de lait restant et laisser mijoter doucement en fouettant souvent environ 5 à 8 min jusqu'à ce que le mélange soit lisse et légèrement épaissi. Incorporer le fromage, le sel, le paprika, la moutarde (le cas échéant), la muscade (le cas échéant) et le poivre noir. Faire chauffer jusqu'à ce que le fromage fonde et la sauce soit lisse.

Préparation = 2 min **Cuisson** = 13 min **Rendement** = 750 ml (3 tasses)

Plats principaux au bœuf

Contrefilets
de bistro parisien

*Des frites au four croustillantes et
des haricots verts à la vapeur complètent
ce plat français classique – de même
qu'un verre de vin rouge.*

1 c. à soupe d'huile d'olive
4 contrefilets de 280 g (10 oz) et d'une épaisseur de 2,5 cm
  (1 po) chacun
125 ml (½ tasse) de vin rouge sec
2 c. à café (2 c. à thé) d'ail émincé conservé dans l'huile
2 c. à café (2 c. à thé) d'herbes de Provence séchées
250 ml (1 tasse) de sauce marinara réfrigérée ou en bocal
  au vin rouge
2 c. à soupe de persil frais, haché
sel et poivre noir moulu

Dans une grande poêle, faire chauffer l'huile à feu moyen-doux.
Ajouter les contrefilets. Cuire environ 2 min par côté jusqu'à ce qu'ils
soient bien dorés. Retirer du feu et ajouter le vin, l'ail et les herbes.
Remettre la poêle à feu moyen-vif et cuire environ 3 min, jusqu'à
réduction du vin de moitié. Réduire le feu à moyen-doux et ajouter la
sauce. Incorporer à la sauce au vin en remuant et en tournant les
contrefilets pour bien les enduire. Cuire les contrefilets environ 2 min
pour une cuisson mi-saignante (environ 60 °C ou 145 °F sur un
thermomètre à lecture rapide). Parsemer de persil. Assaisonner au
goût. Couper un des contrefilets en deux pour deux portions plus
petites si désiré.

Préparation — 4 min **Cuisson** = 10 min **Rendement** = 4 à 6 portions

Filets de bœuf,
sauce au fromage bleu

*Élégant et sophistiqué et pourtant si simple…
N'importe quel fromage bleu fera l'affaire –
gorgonzola, cabrales, roquefort, stilton,
maytag. Vous seul connaîtrez le secret
de votre succès culinaire !*

**6 biftecks de filet d'environ 140 g (5 oz) et d'une épaisseur
    de 2,5 cm (1 po) chacun**
sel et poivre noir moulu
1 c. à soupe de beurre
1 c. à soupe d'huile d'olive
60 ml (¼ tasse) d'oignons hachés, émincés
250 ml (1 tasse) de sauce alfredo réfrigérée ou en bocal
125 ml (½ tasse) de fromage bleu émietté

Préchauffer le four à 190 °C (375 °F). Réserver un plateau
thermorésistant.

Assaisonner légèrement les biftecks des deux côtés. Dans une
grande poêle, chauffer le beurre et l'huile à feu moyen-vif. Ajouter les
biftecks et cuire environ 2 min par côté jusqu'à ce qu'ils soient bien
dorés. Les déposer sur le plateau et mettre au four.

Ajouter les oignons à la poêle. Réduire le feu à moyen-doux. Faire
revenir environ 2 min en remuant jusqu'à ce qu'ils soient dorés.
Ajouter la sauce et le fromage. Cuire environ 2 min en remuant,
jusqu'à ce que la sauce soit chauffée de part en part. Garder au
chaud à feu doux.

Vérifier la cuisson des steaks à l'aide d'un thermomètre à lecture
rapide : 60 °C (145 °F) pour une cuisson mi-saignante ; 70 °C
(160 °F) pour une cuisson à point ; 75 °C (170 °F) pour une cuisson
bien cuit. Servir avec la sauce.

Préparation = 2 min   **Cuisson** = 12 min   **Rendement** = 6 portions

Spirales de bifteck
de flanc pizzaiola

2 c. à soupe d'huile d'olive, en deux parts
1 sac (170 g ou 6 oz) de jeunes pousses d'épinards
   lavées
1 c. à soupe d'ail émincé conservé dans l'huile
1 bifteck de flanc de 795 g à 1 kg (1 ¾ à 2 lb)
sel et poivre noir moulu
6 tranches (140 g ou 5 oz au total) de provolone
6 tranches (85 ou 3 oz au total) de jambon cuit de
   charcuterie
125 ml (½ tasse) de vin rouge, bouillon de bœuf ou eau
375 ml (1 ½ tasse) de sauce tomate réfrigérée ou en bocal
   à l'ail et aux oignons

Faire chauffer 1 c. à soupe d'huile dans une grande poêle à feu
moyen-vif. Ajouter les épinards et l'ail. Cuire environ 2 min en
remuant jusqu'à ce qu'ils soient ramollis. Réserver.

Mettre le bifteck de flanc sur une planche à couper. À l'aide
d'un couteau aiguisé, trancher dans le milieu sur la longueur, sans
traverser complètement, en parallèle avec la surface de travail. Ouvrir
le bifteck comme un livre (il sera très mince). Colmater les trous avec
des lanières de bifteck. Assaisonner légèrement. Déposer le fromage
uniformément sur toute la surface en le faisant recouper légèrement.
Déposer le jambon uniformément sur le fromage en le faisant
recouper légèrement. Couvrir avec les épinards. Rouler dans le sens
de la longueur pour faire un rouleau. Attacher à l'aide de ficelle ou
piquer avec des cure-dents.

Faire chauffer la c. à soupe d'huile restante dans la poêle à feu
moyen. Faire revenir le rouleau en le tournant souvent environ 4 min
jusqu'à ce qu'il soit complètement doré. Ajouter le vin, le bouillon ou
l'eau et cuire quelques minutes en grattant les résidus de cuisson.
Ajouter la sauce. Tourner le rouleau pour l'enduire complètement.

Couvrir et réduire le feu pour faire mijoter la sauce tout doucement.
Cuire environ 30 min jusqu'à ce que le bœuf soit bien cuit. Réserver sur
un plateau 10 min. Retourner les jus de cuisson du plateau dans la
poêle. Enlever la ficelle ou les cure-dents. Couper le rouleau en
tranches de 1 cm (½ po). Réchauffer la sauce et servir avec le bœuf.

Préparation = 10 min   **Cuisson** = 34 min, + 10 min de temps de repos
Rendement = 4 à 6 portions

Brochettes de bœuf
et pommes de terre alfredo

*Le filet de bœuf est plus tendre que la surlonge
mais vous paierez plus cher pour cette tendreté.
À vous de choisir. De toute façon, la viande baignera
dans une couche veloutée de sauce crémeuse durant
la cuisson. Servez avec du riz aux fines herbes.*

**8 petites pommes de terre rouges rondes, coupées en morceaux
de 4 cm (1 ½ po)**
1 c. à soupe d'huile d'olive
**455 g (1 lb) de biftecks de filet ou de surlonge, coupés en cubes
de 4 cm (1½ po)**
2 c. à café (2 c. à thé) d'épices mélangées à steak
60 ml (¼ tasse) de persil frais, haché
1 c. à soupe de sauce Worcestershire
250 ml (1 tasse) de sauce alfredo réfrigérée ou en bocal

Chauffer un gril à feu moyen-vif. Mélanger les pommes de terre et
1 c. à café (1 c. à thé) d'huile dans un grand plat pour four à
micro-ondes, couvrir et cuire au four à micro-ondes à puissance
élevée environ 4 min pour attendrir à peine les pommes de terre.
Laisser refroidir. Ajouter les cubes de bœuf, les épices à steak,
2 c. à soupe de persil et les 2 c. à café (2 c. à thé) d'huile restante et
mélanger pour enduire le bœuf et les pommes de terre.

Embrocher le bœuf et les pommes de terre en alternance sur
4 brochettes (environ 4 morceaux par brochette).

Mélanger la sauce Worcestershire et 1 c. à soupe de persil avec
la sauce alfredo dans un bol moyen. Verser le mélange dans une
petite casserole en en réservant 60 ml (¼ tasse).

Faire mijoter le mélange à la sauce alfredo dans la casserole à feu
doux environ 5 min jusqu'à ce que les saveurs s'amalgament. Servir
les brochettes garnies de la c. à soupe de persil restant, avec la
sauce en accompagnement.

Préparation = 10 min   **Cuisson** = 15 min   **Rendement** = 4 portions

Poêlée espagnole picadillo

Assez rapide pour un souper de soir de semaine, ce repas poêlé ajoutera une touche espagnole à votre bœuf haché. Du riz et une salade mixte l'accompagneront à merveille. Ou vous pouvez le servir avec des tortillas chaudes pour faire des sandwichs roulés.

2 c. à soupe d'huile d'olive
250 ml (1 tasse) d'oignons hachés
250 ml (1 tasse) de poivrons tricolores hachés
1 c. à soupe d'ail émincé conservé dans l'huile
800 g (1 ¾ lb) de bœuf haché
1 c. à café (1 c. à thé) de poivre noir moulu
¼ c. à café (¼ c. à thé) de sel
250 ml (1 tasse) de sauce marinara réfrigérée ou en bocal
75 ml (⅓ tasse) de raisins secs
60 ml (¼ tasse) d'olives espagnoles farcies de piment type Jamaïque

Faire chauffer l'huile dans une grande poêle à feu moyen. Ajouter les oignons, les poivrons et l'ail. Couvrir et cuire environ 5 min en remuant à l'occasion jusqu'à ce que les légumes soient dorés. Tasser les légumes d'un côté de la poêle et augmenter le feu à vif. Émietter le bœuf dans la poêle. Assaisonner. Cuire environ 5 min en tournant et en défaisant le bœuf en petits morceaux jusqu'à ce qu'il perde sa teinte rosée. Ajouter la sauce, les raisins secs et les olives. Réduire le feu à moyen. Cuire environ 3 min en remuant, jusqu'à ce que le mélange bouillonne.

Préparation = 2 min   **Cuisson** = 13 min   **Rendement** = 4 à 6 portions

Pain de viande ultra secret

La combinaison de bœuf, de cheddar et de pain de seigle sanctionnée par la tradition se retrouve dans ce pain de viande distingué. Complétez ce repas réconfortant avec une purée de pommes de terre et des brocolis à l'étuvée.

680 g (1 ½ lb) de ronde de bœuf hachée

375 ml (1 ½ tasse) de pain de seigle de la veille, grossièrement émietté

250 ml (1 tasse) de sauce au fromage cheddar réfrigérée ou en bocal, en deux parts

60 ml (¼ tasse) d'oignons hachés, émincés

1 œuf battu

60 ml (¼ tasse) de persil frais, haché

1 c. à café (1 c. à thé) de poivre noir moulu

Préchauffer le four à 180 °C (350 °F). Vaporiser d'huile un moule à pain de 22,5 x 13 x 7,5 cm (9 x 5 x 3 po).

Dans un bol, combiner le bœuf, les miettes de pain, 125 ml (½ tasse) de sauce, les oignons, l'œuf, le persil et le poivre. Bien mélanger avec les mains. Verser le mélange dans le moule à pain préparé. Lisser le dessus.

Cuire au four environ 45 min jusqu'à ce que la température interne atteigne 70 °C (160 °F) au centre. Laisser reposer 15 min avant de trancher. Entre-temps, mettre les 125 ml (½ tasse) de sauce restante dans un plat pour four à micro-ondes. Couvrir avec un papier ciré. Cuire à puissance élevée environ 1 min pour la chauffer. Verser sur chaque assiette de viande.

Préparation = 5 min   **Cuisson** = 45 min + 15 min de temps de repos
Rendement = 4 à 6 portions

Bœuf braisé,
sauce aux champignons

Le bœuf braisé est habituellement cuit dans un bouillon ou autre liquide qui s'épaissit légèrement lors de la cuisson. Cette recette ajoute une touche crémeuse en utilisant une sauce alfredo.

1 rôti de bœuf de 1,1 à 1,5 kg (2 ½ à 3 lb) de fin de palette ou d'extérieur de ronde
1 c. à café (1 c. à thé) de thym séché
½ c. à café (½ c. à thé) de poivre noir moulu
1 c. à soupe d'huile d'olive
500 ml (2 tasses) d'oignons hachés
455 g (1 lb) de champignons cremini ou blancs tranchés
1 c. à soupe d'ail émincé conservé dans l'huile
250 ml (1 tasse) de xérès ou vin blanc sec
375 à 500 ml (1 ½ à 2 tasses) de bouillon de bœuf
375 ml (1 ½ tasse) de sauce alfredo refrigérée ou en bocal

Préchauffer le four à 190 °C (375 °F).

Éponger le rôti à l'aide d'essuie-tout, puis le frotter avec le thym et le poivre noir.

Faire chauffer l'huile dans un faitout ou une grande marmite allant au four à feu moyen-vif. Ajouter la viande et la faire dorer environ 8 min. Réserver la viande sur un plateau. Ajouter les oignons et faire revenir à feu moyen environ 4 min jusqu'à ce qu'ils soient dorés. Ajouter les champignons et l'ail et cuire environ 5 min, jusqu'à ce que les champignons rendent leur jus. Incorporer le xérès ou le vin blanc et gratter les résidus de cuisson. Retourner la viande au faitout avec son jus et verser suffisamment de bouillon pour couvrir la viande à mi-hauteur.

Couvrir de façon étanche et cuire au four environ 2 h, jusqu'à ce que la viande soit tendre en la piquant avec une fourchette. Ajouter du bouillon au besoin pour maintenir le niveau de liquide à mi-hauteur. Réserver la viande sur un plateau et incorporer la sauce alfredo en la chauffant à feu moyen. Trancher et servir avec la sauce.

Préparation = 15 min **Cuisson** = 2 h 20
Rendement = 4 portions

Boulettes de viande à l'eau-de-vie

Certains marchés vendent un « mélange à pain de viande », habituellement une combinaison de bœuf, de porc, d'agneau et/ou de veau, que l'on peut utiliser aussi pour faire des boulettes de viande.
Si vous préférez le bœuf pur, utilisez un mélange égal de fin de palette et de ronde.

1 tranche de pain sandwich blanc
500 ml (2 tasses) de sauce alfredo réfrigérée ou en bocal
680 g (1 ½ lb) de bœuf, porc et/ou veau haché
125 ml (½ tasse) d'oignons hachés, émincés
1 œuf battu
½ c. à café (½ c. à thé) de thym séché
½ c. à café (½ c. à thé) de poivre noir moulu
60 ml (¼ tasse) de persil frais, haché finement
1 c. à soupe d'huile d'olive
1 c. à soupe d'eau-de-vie

Émietter grossièrement le pain dans un robot culinaire ou le hacher finement avec un couteau (environ 125 ml ou ½ tasse de miettes). Transvider dans un bol moyen et incorporer 125 ml (½ tasse) de sauce alfredo. Incorporer la viande, les oignons, l'œuf, le thym, le poivre et 3 c. à soupe de persil. Façonner soigneusement des boules de 4 cm (1 ½ po) avec les mains.

Faire chauffer la moitié de l'huile dans une grande poêle à feu moyen. Ajouter la moitié des boulettes et cuire en les tournant souvent pendant environ 20 min, jusqu'à ce qu'elles soient dorées de tous côtés. La température interne au centre de la boulette devrait atteindre 70 °C (160 °F). Répéter avec l'huile et les boulettes qui restent.

Réserver les boulettes dans un plateau profond ou des assiettes creuses et couvrir de papier d'aluminium pour les garder au chaud. Ajouter l'eau-de-vie et 1 c. à soupe d'eau dans la poêle. Cuire 1 à 2 min en grattant le fond jusqu'à ce que le liquide soit presque évaporé. Réduire le feu à doux et incorporer les 375 ml (1 ½ tasse) de sauce alfredo restante. Cuire environ 2 min pour chauffer la sauce et la verser sur les boulettes. Garnir avec la c. à soupe de persil restant.

Préparation = 5 min   **Cuisson** = 40 min (sans surveillance pour la plupart)
Rendement = 6 portions

Tourte tex-mex

La polenta a un air de famille italien mais la semoule de maïs est également populaire dans le sud-ouest des États-Unis. Vous trouverez de la polenta préparée au rayon des légumes de votre épicerie. La saveur traditionnelle convient parfaitement ici mais la polenta parfumée au piment vert et à la coriandre fraîche est votre meilleur choix si vous en trouvez.

2 c. à café (2 c. à thé) d'huile végétale
375 ml (1 ½ tasse) d'oignons hachés
250 ml (1 tasse) de poivrons hachés
340 g (¾ lb) de bœuf haché
340 g (¾ lb) de porc haché
1 c. à soupe de chili en poudre
2 c. à café (2 c. à thé) d'ail émincé conservé dans l'huile
250 ml (1 tasse) de maïs surgelé
1 bocal de 738 ml (26 oz) de sauce tomate aux morceaux de légumes
1 paquet de 455 g (1 lb) de polenta préparée refrigérée
250 ml (1 tasse) de fromage Jack au poivre, râpé en filaments

Préchauffer le four à 190 °C (375 °F).

Faire chauffer l'huile dans une grande poêle à feu moyen-vif. Ajouter les oignons et les poivrons. Faire revenir environ 4 min en remuant à l'occasion jusqu'à ce qu'ils soient ramollis. Tasser les légumes d'un côté et émietter le bœuf et le porc dans la poêle. Ajouter le chili en poudre et l'ail et cuire environ 5 min en tournant et en défaisant la viande en petits morceaux jusqu'à ce que la viande perde sa teinte rosée. Réduire le feu à moyen-doux et incorporer le maïs et la sauce jusqu'à ce que le mélange soit chauffé de part en part.

Verser le mélange dans un plat de cuisson de 3 litres (12 tasses) (par exemple 33 x 23 cm ou 13 x 9 po). Trancher la polenta en 12 tranches de 1 cm (½ po). Disposer les ronds de polenta sur le mélange de viande et saupoudrer de fromage.

Cuire au four 25 à 30 min, jusqu'à ce que le mélange bouillonne et que le fromage gratine légèrement.

Préparation = 5 min   **Cuisson** = 30 min (sans surveillance pour la plupart)
Rendement = 6 à 8 portions

Burritos au bœuf

La fin de palette en cubes est une coupe de bœuf peu coûteuse qui se prête bien à la cuisson lente. En cuisant, les tissus conjonctifs dans la viande se dissolvent, humectant la viande et créant une délicieuse sauce. Les cubes remplacent merveilleusement bien le bœuf haché dans les burritos et les tacos, avec un peu plus de mordant et une texture globale plus agréable.

455 g (1 lb) de fin de palette en cubes de 4 cm (1 ½ po)
1 c. à soupe de chili en poudre
1 c. à soupe d'huile d'olive
2 c. à café (2 c. à thé) d'ail émincé conservé dans l'huile
1 feuille de laurier
250 ml (1 tasse) de bouillon de bœuf
250 à 375 ml (1 à 1 ½ tasse) de sauce tomate réfrigérée ou en bocal à l'ail et aux oignons
8 tortillas à la farine de 20 cm (8 po), chauffées
175 ml (¾ tasse) d'oignons hachés, hachés finement
250 ml (1 tasse) de fromage Jack au poivre, râpé en filaments

Éponger les cubes de bœuf avec un essuie-tout, puis les frotter avec le chili en poudre. Faire chauffer l'huile dans une grande poêle profonde ou large casserole à feu moyen-vif. Ajouter le bœuf et faire revenir 3 à 5 min jusqu'à ce qu'il soit doré de tous côtés. Ajouter l'ail et la feuille de laurier et cuire 1 min. Ajouter le bouillon et laisser bouillir 1 min en grattant les résidus de cuisson au fond de la poêle. Verser juste assez de sauce pour couvrir le bœuf à peine. Réduire le feu à doux, couvrir et laisser mijoter environ 1 h 30 à 2 h, jusqu'à ce que le bœuf soit tendre lorsqu'on le pique avec une fourchette et facile à déchiqueter.

À l'aide d'une cuillère à égoutter, transférer le bœuf dans un bol et jeter la feuille de laurier. Déchiqueter le bœuf avec une fourchette. Ajouter environ 125 ml (½ tasse) de sauce de la poêle. Rouler environ 75 ml (⅓ tasse) de garniture dans une tortilla et garnir d'oignons, du restant de la sauce et de fromage.

Préparation = 5 min   **Cuisson** = 1 h 30 (sans surveillance pour la plupart)
Rendement = 4 portions

Poitrine de bœuf braisée aigre-douce

Comme bien des plats mijotés longuement, celui-ci a meilleur goût le lendemain. Pour le servir de cette façon, laissez la viande refroidir à température ambiante, puis réfrigérez-la pendant la nuit. Pour préparer cette recette dans une mijoteuse, mettez tous les ingrédients dans la mijoteuse à puissance faible pendant 10 h ou à puissance élevée pendant 4 à 5 h.

1 entame ou coupe mince de poitrine de bœuf (environ 2 kg ou 4 lb)
2 c. à café (2 c. à thé) de poivre au citron
1 c. à soupe d'huile végétale
750 ml (3 tasses) d'oignons hachés
125 à 250 ml (½ à 1 tasse) de bouillon de bœuf
375 ml (1 ½ tasse) de sauce marinara réfrigérée ou en bocal au vin rouge
125 ml (½ tasse) de vinaigre de cidre
125 ml (½ tasse) de cassonade pâle dorée
1 feuille de laurier

Préchauffer le four à 180 °C (350 °F). Assécher la poitrine de bœuf, puis la frotter avec le poivre au citron.

Faire chauffer l'huile dans un faitout ou un autre grand plat allant au four à feu moyen-vif. Lorsque l'huile est chaude, ajouter la poitrine et la faire dorer de tous côtés environ 5 min par côté. Réserver la viande sur un plateau et couvrir de papier d'aluminium pour la garder au chaud.

Ajouter les oignons au plat et faire revenir environ 4 min en remuant souvent, jusqu'à ce qu'ils soient dorés. Ajouter 125 ml (½ tasse) de bouillon en grattant les résidus de cuisson. Incorporer la sauce, le vinaigre, la cassonade et la feuille de laurier. Retourner la viande dans le plat avec son jus et badigeonner de sauce. Couvrir de façon étanche et cuire au four environ 2 h 30 à 3 heures jusqu'à qu'elle soit tendre lorsqu'on la pique avec une fourchette. Ajouter du bouillon additionnel au besoin pour maintenir un niveau de liquide à mi-hauteur de la viande. Transférer la viande sur un plateau et laisser tiédir 5 à 10 min.

Trancher la poitrine contre le grain en tranches de 1 cm (½ po). Servir avec la sauce.

Préparation = 5 min   **Cuisson** = 2 à 3 h (sans surveillance pour la plupart)
Rendement = environ 8 portions

Rôti de palette braisé au piment chipotle

Voici le souper idéal pour ceux qui aiment le bœuf avec du piquant. Pour les palais plus fragiles, servez du riz en accompagnement pour atténuer les épices.

1 rôti de bœuf de fin de palette de 1 à 1,1 kg (2 à 2 ½ lb)
2 c. à café (2 c. à thé) de chipotle moulu
1 c. à soupe d'huile d'olive
2 c. à soupe d'ail émincé conservé dans l'huile
375 ml (1 ½ tasse) de sauce tomate réfrigérée ou en bocal
  aux morceaux de légumes
625 ml (2 ½ tasses) de tomatilles ou tomates vertes, hachées
500 ml (2 tasses) de courgettes, coupées en bâtonnets
  de 1 cm (½ po)
250 ml (1 tasse) de carottes miniatures
125 ml (½ tasse) de coriandre fraîche hachée

Préchauffer le four à 190 °C (375 °F).

Éponger la viande avec un essuie-tout, puis la saupoudrer de tous côtés de chipotle moulu.

Faire chauffer l'huile dans un faitout ou autre grand plat allant au four à feu moyen-vif. Ajouter la viande et la faire dorer environ 8 min. Réserver la viande sur un plateau et couvrir pour la garder au chaud. Ajouter l'ail et cuire 1 min. Retirer du feu et incorporer la sauce, les tomatilles ou tomates vertes, les courgettes et les carottes. Retourner le rôti dans le faitout avec son jus et le badigeonner de sauce.

Couvrir de façon étanche. Rôtir au four environ 2 h, jusqu'à ce qu'il soit tendre lorsqu'on le pique avec une fourchette. Réserver le rôti sur un plateau et couvrir pour le garder au chaud. Écumer l'excès de gras de la surface du liquide, puis incorporer la coriandre. Trancher le rôti et servir avec la sauce.

Préparation = 10 min   **Cuisson** = 2 h   **Rendement** = 6 portions

Hauts de côtes braisés

Pour maximiser la saveur de ce plat, utilisez des hauts de côtes coupés dans la palette de la bête. La plupart des marchés vendent des hauts de côtes à l'anglaise qui ressemblent à un bloc rectangulaire de viande et d'os. Ou vous pouvez utiliser des hauts de côtes dans le flanc mais les os sont plus courts et la viande est plus difficile à défaire des os.

1,5 à 2 kg (3 ½ à 4 lb) de hauts de côtes avec l'os
1 ½ c. à café (1 ½ c. à thé) de romarin séché, écrasé
½ c. à café (½ c. à thé) de poivre noir moulu
2 c. à soupe d'huile d'olive
500 ml (2 tasses) d'oignons hachés
225 g (½ lb) de champignons cremini ou blanc tranchés
2 c. à soupe d'ail émincé conservé dans l'huile
250 ml (1 tasse) de vin rouge
375 ml (1 ½ tasse) de sauce marinara réfrigérée ou en bocal
au vin rouge
250 à 375 ml (1 à 1 ½ tasse) de bouillon de bœuf

Préchauffer le four à 180 °C (350 °F).

Éponger la viande avec un essuie-tout, puis la frotter de tous côtés avec le romarin et le poivre noir.

Faire chauffer l'huile dans un faitout ou un autre grand plat allant au four à feu moyen-vif. Lorsque l'huile est chaude, ajouter les hauts de côtes (en petites quantités au besoin) et les dorer de tous côtés 10 à 15 min. Réserver la viande sur un plateau et couvrir de papier d'aluminium pour la garder au chaud.

Préparation = 5 min   **Cuisson** = 2 h 30 à 3 h (sans surveillance pour la plupart)
Rendement = 4 à 6 portions

Vider tout le gras sauf 2 c. à soupe et réduire le feu à moyen. Ajouter les oignons dans le faitout et faire revenir environ 4 min en remuant souvent, jusqu'à ce qu'ils soient dorés. Ajouter les champignons et l'ail et cuire environ 4 min, jusqu'à ce que les champignons rendent leur jus. Ajouter le vin et laisser mijoter à feu moyen-vif en grattant les résidus de cuisson. Cuire jusqu'à ce que le liquide soit réduit à 125 ml (½ tasse).

Retourner les hauts de côtes dans le faitout et y verser la sauce et assez de bouillon (au besoin) pour que le niveau de liquide soit à mi-hauteur de la viande. Faire mijoter, puis couvrir de façon étanche.

Rôtir au four environ 2 à 2 h 30, jusqu'à ce que la viande soit tendre lorsqu'on la pique avec une fourchette et se détache facilement des os. Ajouter du bouillon au besoin pour maintenir le niveau de liquide à mi-hauteur de la viande. Réserver la viande sur un plateau et couvrir pour la garder au chaud. Écumer l'excès de gras de la surface du faitout, puis laisser mijoter le liquide de braisage à feu moyen-vif jusqu'à consistance d'une sauce épaisse. Servir les hauts de côtes avec la sauce.

Filet de bœuf farci en croûte au pesto

Gardez cette recette pour une occasion spéciale. La viande est chère mais elle en vaut la peine. Si vous pouvez, choisissez le châteaubriand coupé dans le milieu du filet. Sinon, si votre filet est coupé dans le bout avec une « queue », repliez la queue sous le filet pour que la viande soit d'une égale épaisseur et attachez-la solidement en place avec de la ficelle en plusieurs endroits. Pour préparer la chapelure dans la recette, pulvérisez une tranche de pain sandwich dans un robot culinaire.

1 filet de bœuf coupé dans le milieu de 1,5 kg (3 lb), paré et attaché au besoin
125 ml (½ tasse) de lanières ou miettes de tomates séchées conservées dans l'huile
125 ml (½ tasse) de maïs surgelé, dégelé
125 ml (½ tasse) de chapelure fraîche
75 ml (⅓ tasse) de fromage parmesan râpé
2 oignons verts, hachés finement
3 c. à soupe de pignons
1 œuf, légèrement battu
1 c. à soupe de persil frais, haché
125 ml (½ tasse) de pesto au basilic réfrigéré ou en bocal

Préchauffer le four à 250°C (500°F).

Pratiquer un trou dans le centre du filet en positionnant une queue ou le manche d'une longue cuillère de bois à l'extrémité plus épaisse du filet. Transpercer le filet pour faire ressortir la queue ou le manche à l'autre extrémité, puis extraire. Insérer un long couteau à

Préparation = 10 min **Cuisson** = 40 min **Rendement** = 6 portions

lame étroite dans le trou en pratiquant de petites entailles pour agrandir le trou.

Dans un bol moyen, combiner les tomates séchées, le maïs, la chapelure, le fromage, les oignons verts, les pignons, l'œuf et le persil.

Mettre le filet à la verticale et y introduire la farce en la poussant avec la queue ou le manche à cuillère. Lorsque la moitié de la farce est utilisée, inverser le filet et le remplir par l'autre trou.

Éponger la surface de la viande avec des essuie-tout et placer la viande sur une grille dans une plaque à rôtir. Frotter toute la surface avec le pesto. (À ce stade, la viande peut être réfrigérée jusqu'à 4 h au besoin ; laisser la viande tiédir à température ambiante 30 min avant de rôtir.)

Rôtir 15 à 20 min ou jusqu'à ce que la viande soit bien dorée de tous côtés. Réduire la température du four à 170 °C (325 °F) et rôtir 20 à 25 min de plus, jusqu'à ce que la température interne (ailleurs qu'au centre) atteigne 50 °C (120 °F) pour une cuisson mi-saignante. Sortir du four, couvrir lâchement de papier d'aluminium et laisser reposer 10 à 15 min. Trancher en tranches de 1 cm (½ po).

Biftecks saisis dans la poêle à la sauce tomate épicée

D'un point de vue botanique, les poivrons sont une forme atténuée du piment chili. Les voici accompagnés de poudre de piment ancho et chipotle.

2 c. à soupe de paprika
1 c. à soupe de sel cacher
1 c. à soupe de piment ancho en poudre
2 c. à café (2 c. à thé) de cassonade pâle dorée
1 c. à café (1 c. à thé) de piment chipotle en poudre
½ c. à café (½ c. à thé) de cumin moulu
½ c. à café (½ c. à thé) de poivre noir moulu
4 biftecks de faux-filet de 280 g (10 oz) et d'une épaisseur
de 2 cm (¾ po) chacun
250 ml (1 tasse) d'oignons hachés
250 ml (1 tasse) de poivrons hachés
300 ml (1 ¼ tasse) de sauce tomate réfrigérée ou en bocal
aux poivrons rouges

Mélanger le paprika, le sel, la poudre de piment ancho, la cassonade, la poudre de piment chipotle, le cumin et le poivre noir. Frotter les steaks avec la moitié du mélange.

Chauffer une grande poêle à feu moyen-vif. Lorsque la poêle est chaude, ajouter les biftecks et cuire 3 à 5 min par côté pour une cuisson mi-saignante (environ 60 °C ou 145 °F au thermomètre à lecture rapide). Réserver sur un plateau ou des assiettes et couvrir de papier d'aluminium pour les garder au chaud.

Ajouter les oignons, les poivrons et le mélange d'épices restantes à la poêle. Faire revenir 3 à 4 min en remuant souvent, jusqu'à ce que les légumes commencent à ramollir. Ajouter la sauce tomate et réduire le feu pour laisser mijoter doucement le mélange. Laisser mijoter environ 5 min pour que les saveurs s'amalgament. Servir avec les biftecks.

Préparation = 7 min   **Cuisson** = 15 min   **Rendement** = 4 portions

Plats principaux au porc

Porc déchiqueté à la Yucatán

*Les saveurs enivrantes de ce ragoût
s'améliorent avec le temps ; n'hésitez pas
à le préparer plusieurs jours à l'avance.
On peut aussi le congeler avec succès.
Servez-le avec des tortillas au maïs ou du riz.*

2 c. à soupe d'huile d'olive

**2 bottes d'oignons verts entiers, coupés en morceaux de 2,5 cm
(1 po) (375 ml ou 1 ½ tasse)**

1 c. à soupe d'ail émincé conservé dans l'huile

**250 ml (1 tasse) de sauce tomate réfrigérée ou en bocal à l'ail
et à l'oignon**

**60 ml à 125 ml (¼ à ½ tasse) de salsa au piment vert en bocal
ou en conserve, en deux parts**

½ c. à café (½ c. à thé) de cumin moulu

**1 soc de porc désossé (croupon de Boston) de 800 g à
1 kg (1 ¾ à 2 lb)**

Préchauffer le four à 170 °C (325 °F).

Dans un grand plat allant au four à feu moyen-vif, combiner
l'huile, les oignons verts et l'ail. Faire revenir environ 2 min en
remuant, jusqu'à ce qu'un arôme se dégage. Ajouter la sauce, 60 ml
(¼ tasse) de salsa et le cumin. Cuire environ 2 min en remuant,
jusqu'à ce que la sauce soit chaude. Déposer le porc dans le plat
en le nappant de sauce. Couvrir de façon étanche.

Cuire au four environ 1 h 30, jusqu'à ce que le porc soit tendre
lorsqu'on le pique avec une fourchette. Utiliser une fourchette pour
déchiqueter le porc à la table et le servir avec les 60 ml (¼ tasse)
de salsa restante.

Préparation = 5 min   **Cuisson** = 1 h 30 min   **Rendement** = 4 à 6 portions

Saucisses aux haricots blancs et aux tomates

Ce plat est une version chic du classique saucisses et haricots. Les saucisses sont le principal intérêt ; achetez un produit de bonne qualité. Si vous désirez, ajoutez des herbes (fraîches ou séchées) telles que romarin ou thym séché avec les champignons. Pour un repas plus consistant, servez ce plat sur des pâtes auxquelles vous ajouterez un peu de sauce tomate.

680 g (1 ½ lb) de saucisses de porc fraîches (douces ou épicées)
60 ml (¼ tasse) d'oignons hachés
115 g (¼ lb) de champignons cremini ou blancs tranchés
500 ml (2 tasses) de sauce tomate réfrigérée ou en bocal à l'ail et aux oignons
1 boîte (455 g ou 1 lb) de petits haricots blancs, rincés et égouttés

Chauffer une casserole moyenne à feu moyen-vif. Ajouter les saucisses et les piquer en quelques endroits avec une fourchette. Cuire 15 à 20 min jusqu'à ce qu'elles soient bien dorées de tous côtés. Réserver sur une assiette pour les laisser tiédir.

Ajouter les oignons à la casserole et les faire revenir environ 4 min pour les faire dorer. Réduire le feu à moyen, ajouter les champignons et cuire environ 4 min, jusqu'à ce qu'ils rendent leur jus. Ajouter la sauce tomate et réduire le feu à moyen-doux.

Couper les saucisses en deux sur la longueur, puis sur la largeur en demi-lunes. Les retourner à la sauce avec les haricots. Laisser mijoter doucement 5 à 10 min.

Préparation = 2 min   **Cuisson** = 30 min   **Rendement** = 4 portions

Sauté de porc et de pois chiches au pesto rouge

Ce plat est si rapide à préparer et si délicieux qu'il deviendra à coup sûr un classique des jours de semaine. On peut remplacer le porc par des poitrines de dinde ou des hauts de cuisse de poulet. Servez avec des nouilles, du riz ou du risotto.

2 c. à soupe d'huile d'olive
125 ml (½ tasse) d'oignons hachés
125 ml (½ tasse) de carottes miniatures coupées en morceaux de 0,5 cm (¼ po)
125 ml (½ tasse) de céleri haché
2 c. à café (2 c. à thé) d'ail émincé conservé dans l'huile
570 g (1 ¼ lb) de porc en cubes
1 boîte (426 ml ou 15 oz) de pois chiches, rincés et égouttés
5 c. à soupe de pesto rouge réfrigéré ou en bocal

Chauffer l'huile dans une grande poêle à feu moyen-vif. Ajouter les oignons, les carottes, le céleri et l'ail. Faire revenir environ 4 min en remuant à l'occasion, jusqu'à ce que les légumes soient dorés. Tasser les légumes d'un côté et ajouter le porc. Cuire environ 4 min en tournant souvent, jusqu'à ce que la viande soit dorée de tous côtés. Ajouter les pois chiches. Cuire environ 5 min en remuant à l'occasion, jusqu'à ce que le porc soit chauffé de part en part. Retirer du feu. Incorporer le pesto.

Préparation = 2 min **Cuisson** = 13 min **Rendement** = 4 à 6 portions

Médaillons de porc au piment chipotle

Ces médaillons de porc simples à préparer au goût fumé et épicé feront sensation. Garnissez-les de coriandre fraîche.

1 filet de porc (environ 570 g ou 1 ¼ lb)
1 c. à soupe de piment chipotle moulu
2 c. à soupe d'huile d'olive
125 ml (½ tasse) de bouillon de poulet
375 ml (1 ½ tasse) de sauce tomate réfrigérée ou en bocal à
l'ail et aux oignons

Trancher le porc sur la largeur en médaillons de 0,5 cm (¼ po). Saupoudrer de tous côtés avec le chipotle.

Faire chauffer l'huile dans une grande poêle à feu moyen-vif. Ajouter le porc (en petites quantités au besoin) et cuire 2 à 3 min par côté en tournant une fois, jusqu'à ce qu'il perde sa teinte rosée. Réserver sur un plateau et couvrir de papier d'aluminium pour le garder au chaud.

Ajouter le bouillon à la poêle et faire bouillir en grattant les résidus de cuisson. Réduire le feu à moyen et incorporer la sauce et le jus du porc réservé. Laisser mijoter 5 min. Servir en nappant le porc.

Préparation = 5 min   **Cuisson** = 10 min   **Rendement** = 4 portions

Médaillons de porc crémeux au porto

Vous trouverez des filets de porc marinés au rayon des viandes de votre supermarché. Garnissez la sauce rosée de persil frais haché.

1 filet de porc mariné aux grains de poivre (environ 570 g ou 1 ¼ lb)
2 c. à café (2 c. à thé) de paprika doux ou fumé
2 c. à soupe d'huile d'olive
175 ml (¾ tasse) de porto Ruby
250 ml (1 tasse) de sauce alfredo réfrigérée ou en bocal
persil pour la garniture

Trancher le porc sur la largeur en médaillons de 2 cm (¾ po). Saupoudrer de paprika de tous côtés.

Faire chauffer l'huile dans une grande poêle à feu moyen-vif. Ajouter le porc (en petites quantités au besoin) et cuire 2 à 3 min par côté en tournant une fois, jusqu'à ce qu'il perde sa teinte rosée. Réserver sur un plateau et couvrir d'un papier d'aluminium pour le garder au chaud.

Ajouter le porto à la poêle et faire bouillir en grattant les résidus de cuisson, jusqu'à réduction de moitié. Réduire le feu à moyen-doux et incorporer la sauce et le jus du porc réservé. Faire chauffer 5 min. Servir en nappant le porc et garnir de persil.

Préparation = 5 min   **Cuisson** = 10 min   **Rendement** = 4 portions

Côtelettes de porc hongroises au paprika

*Si vous aimez manger épicé mais pas
trop piquant, voici un plat principal épicé
super rapide à préparer. Servez-le avec des nouilles
aux œufs au beurre et des haricots verts sautés.*

1 c. à soupe de beurre
125 ml (½ tasse) d'oignons hachés, émincés
**6 minces côtelettes de longe de porc désossées (environ 570 g
ou 1 ¼ lb)**
2 c. à café (2 c. à thé) de paprika
250 ml (1 tasse) de sauce alfredo réfrigérée ou en bocal

Faire fondre le beurre dans une grande poêle à feu moyen-vif.
Ajouter les oignons et les faire dorer 2 à 3 min en remuant à
l'occasion. Éponger les côtelettes et saupoudrer de paprika.
Tasser les oignons sur le côté et augmenter le feu à vif. Ajouter
les côtelettes et cuire environ 1 min par côté, jusqu'à ce qu'elles
soient dorées. Ajouter la sauce et remuer pour enduire les côtelettes.
Réduire le feu à moyen-doux et laisser mijoter environ 3 min, jusqu'à
ce que la viande perde sa teinte rosée.

Préparation = 2 min   **Cuisson** = 8 min   **Rendement** = 4 à 6 portions

Côtelettes de porc au pesto citronné

*Les côtelettes de porc minces désossées
cuisent si rapidement qu'elles sont tout indiquées
pour des repas rapides les soirs de semaine.
Garnissez les côtelettes de basilic frais haché et
servez avec des quartiers de citron.*

1 c. à soupe de beurre
6 minces côtelettes de longe de porc désossées
  (environ 570 g ou 1 ¼ lb)
2 c. à café (2 c. à thé) de poivre au citron
125 ml (½ tasse) de vin blanc ou bouillon de poulet à teneur
  réduite en sodium
175 ml (¾ tasse) de pesto au basilic réfrigéré ou en bocal

Faire fondre le beurre dans une grande poêle à feu moyen-vif.
Éponger les côtelettes et les enduire de poivre au citron. Ajouter à
la poêle et cuire environ 1 min par côté, jusqu'à ce qu'elles soient
dorées. Ajouter le vin ou le bouillon, remuer et laisser mijoter 1 à
2 min, jusqu'à ce que le vin réduise légèrement. Réduire le feu à
moyen-doux et laisser mijoter 1 à 2 min, jusqu'à ce que le porc
perde sa teinte rosée. Réserver les côtelettes sur un plateau ou
des assiettes et couvrir pour les garder au chaud. Incorporer le pesto
à la poêle. Servir la sauce sur les côtelettes.

Préparation = 2 min   **Cuisson** = 8 min   **Rendement** = 4 à 6 portions

Côtelettes de porc provençales

Si vous omettez de hacher les olives
(vous pouvez utiliser des olives plus petites),
cette recette vous dispense de hacher
quoi que ce soit.

1 c. à soupe d'huile d'olive
6 côtelettes de longe de porc désossées (environ 1 kg ou 2 lb)
sel et poivre noir moulu
125 ml (½ tasse) d'oignons hachés
1 c. à soupe d'ail émincé conservé dans l'huile
2 c. à café (2 c. à thé) d'herbes de Provence séchées ou de
romarin séché
250 ml (1 tasse) de sauce marinara réfrigérée ou en bocal
au vin rouge
2 c. à soupe d'olives noires conservées dans l'huile, hachées

Faire chauffer l'huile dans une grande poêle à feu vif. Éponger les côtelettes et assaisonner légèrement. Ajouter à la poêle et cuire environ 2 min par côté, jusqu'à ce qu'elles soient dorées.

Réserver les côtelettes sur un plateau. Réduire le feu à moyen et ajouter les oignons, l'ail et les herbes de Provence ou romarin. Faire revenir environ 4 min, jusqu'à ce que les oignons soient dorés. Ajouter la sauce, les olives et les côtelettes de porc avec le jus du plateau. Couvrir et laisser mijoter doucement environ 4 min, jusqu'à ce que la viande perde sa teinte rosée.

Préparation = 3 min   **Cuisson** = 12 min   **Rendement** = 4 à 6 portions

Côtelettes de porc au fenouil

Le fenouil, jadis totalement inconnu, est maintenant largement répandu au rayon des légumes des supermarchés. Choisissez des bulbes fermes et de couleur vert pâle sans aucun signe de brunissement. Les feuilles sombres et délicates peuvent être hachées et utilisées comme herbe fraîche.

1 bulbe de fenouil (environ 570 g ou 1 ¼ lb)
1 c. à soupe d'huile d'olive
6 côtelettes de porc désossées (environ 1 kg ou 2 lb au total)
sel et poivre noir moulu
2 c. à soupe d'eau
250 ml (1 tasse) de sauce marinara réfrigérée ou en bocal

Retrancher et jeter les queues vert pâle fibreuses du bulbe de fenouil. Réserver 2 c. à soupe de feuilles vert foncé plumeuses. Couper le bulbe blanc en quartiers et couper en tranches de 0,5 cm (¼ po).

Chauffer l'huile dans une grande poêle à feu vif. Éponger les côtelettes et assaisonner légèrement. Ajouter à la poêle et cuire environ 2 min par côté, jusqu'à ce qu'elles soient dorées. Réserver les côtelettes sur un plateau.

Réduire le feu à moyen et ajouter les tranches de fenouil et l'eau à la poêle. Gratter les résidus de cuisson au fond de la poêle. Couvrir et cuire environ 3 min, jusqu'à ce que le fenouil commence à dorer et que l'eau soit évaporée. Ajouter la sauce et les côtelettes avec le jus du plateau. Couvrir et laisser mijoter doucement environ 4 min, jusqu'à ce que la viande perde sa teinte rosée. Parsemer de feuilles de fenouil et servir avec les quartiers d'orange.

Préparation = 3 min   **Cuisson** = 12 min   **Rendement** = 4 à 6 portions

Côtelettes de porc au four aux champignons

Une cuisson lente braisée est la méthode idéale pour attendrir les côtelettes de porc. Malgré le long temps de cuisson pour cette recette, le temps de préparation est réduit à seulement 10 min. Ensuite, les côtelettes cuisent tranquillement pendant que vous vous occupez ailleurs.

6 côtelettes de longe de porc avec l'os d'une épaisseur d'au moins 2,5 cm (1 po) (environ 1,4 kg ou 3 lb au total)
1 ½ c. à café (1 ½ c. à thé) de thym séché
½ c. à café (½ c. à thé) de sel
⅛ c. à café (⅛ c. à thé) de muscade moulue
¼ c. à café (¼ c. à thé) de poivre noir moulu
1 c. à soupe d'huile d'olive
455 g (1 lb) de champignons cremini ou blancs tranchés
2 c. à café (2 c. à thé) d'ail émincé conservé dans l'huile
250 ml (1 tasse) de vin blanc sec
250 ml (1 tasse) de sauce alfredo réfrigérée ou en bocal

Préchauffer le four à 170 °C (325 °F)

Éponger les côtelettes et les enduire de thym, de sel, de muscade et de poivre noir de tous côtés.

Faire chauffer l'huile dans une grande poêle à feu moyen-vif. Ajouter les côtelettes et cuire environ 2 min par côté, jusqu'à ce qu'elles soient dorées. Réserver les côtelettes dans un plat pour le four de 32,5 x 22,5 cm (13 po x 9 po).

Ajouter les champignons à la poêle et cuire à feu moyen-vif 3 à 4 min, jusqu'à ce qu'ils rendent leur jus. Ajouter l'ail et cuire 1 min. Ajouter le vin et laisser mijoter 1 min en grattant les résidus de cuisson. Réduire le feu à doux et incorporer la sauce alfredo.

Verser le mélange sur les côtelettes de porc et couvrir de façon étanche avec une double épaisseur de papier d'aluminium. Cuire au four 2 à 2 h 30, jusqu'à ce que les côtelettes soient tendres lorsqu'on les pique avec une fourchette.

Préparation = 10 min **Cuisson** = 2 h 30 (sans surveillance pour la plupart)
Rendement = 6 portions

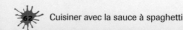

Filet de porc rôti
en croûte au pesto rouge

Ce plat idéal pour recevoir se met au four
45 min pendant que vous êtes occupé ailleurs.

1 litre (4 tasses) de tomates raisin
2 courgettes moyennes, hachées grossièrement
1 c. à soupe d'ail émincé conservé dans l'huile
2 c. à soupe d'huile d'olive
½ c. à café (½ c. à thé) de sel
½ c. à café (½ c. à thé) de poivre noir moulu
1,5 kg (3 lb) de filet de porc mariné aux grains de poivre
175 ml (¾ tasse) de pesto rouge réfrigéré ou en bocal

Préchauffer le four à 190 °C (375 °F).

Mélanger les tomates, les courgettes, l'ail, l'huile, le sel et le poivre dans un plat pour le four de 42,5 x 27,5 cm (17 po x 11 po) pour bien enduire les ingrédients d'huile. Brosser les filets de porc de pesto de tous côtés, puis les nicher dans le plat, espacés de 10 cm (4 po).

Rôtir environ 45 min, jusqu'à ce que le jus soit clair (70 °C ou 155 °F au thermomètre à lecture rapide dans le centre). Laisser reposer 10 min. Trancher et servir avec les légumes.

Préparation = 5 min   **Cuisson** = 45 min (complètement sans surveillance)
Rendement = 8 portions

Enchiladas au filet de porc et aux saucisses chorizo

Cette garniture de bœuf et de porc enveloppée dans des tortillas au maïs et nappée d'une sauce tomate épicée peut très bien servir de plat de résistance. Si vous préférez, remplacez les piments chipotle par une boîte égouttée de piments Jalapeño (environ 115 g ou ¼ lb).

8 tortillas au maïs de 15 cm (6 po)
455 g (1 lb) de filet de porc mariné aux grains de poivre, coupé en deux sur la longueur
½ c. à café (½ c. à thé) de piment ancho en poudre
½ c. à café (½ c. à thé) de cumin moulu
½ c. à café (½ c. à thé) d'origan séché
2 c. à café (2 c. à thé) d'huile d'olive
170 g (6 oz) de chair de saucisses chorizo fraîches
1 c. à soupe d'ail émincé conservé dans l'huile
300 ml (1 ¼ tasse) de sauce tomate réfrigérée ou en bocal à l'ail et aux oignons
2 à 3 piments chipotle en boîte à l'adobo
2 c. à café (2 c. à thé) de jus de conserve des piments chipotle
60 ml (¼ tasse) d'eau ou bouillon de poulet
250 ml (1 tasse) de fromage Jack au poivre rapé en filaments

Préparation = 15 min **Cuisson** = 30 min **Rendement** = 4 portions

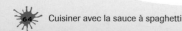

Préchauffer le four à 180 °C (350 °F). Envelopper les tortillas dans du papier d'aluminium et les mettre au four 10 min.

Entre-temps, enduire le porc de tous côtés de chili en poudre, de cumin et d'origan. Faire chauffer l'huile dans une grande poêle à feu moyen-vif. Ajouter le porc et cuire 4 à 6 min, jusqu'à ce qu'il soit doré de tous côtés et légèrement rosé au milieu. Réserver sur une planche à couper propre. Laisser reposer 5 min puis trancher finement.

Ajouter le chorizo à la poêle et cuire à feu moyen environ 5 min en défaisant la viande jusqu'à ce qu'elle soit revenue. Ajouter l'ail et chauffer 1 min. Retirer du feu et incorporer les tranches de porc.

Réduire la sauce tomate, les piments chipotle et le jus de conserve en purée dans un robot culinaire ou mélangeur avec 60 ml (¼ tasse) d'eau ou bouillon de poulet. Étendre une mince couche de sauce au fond d'un plat pour le four de 1,5 litre (6 tasses).

Saupoudrer environ 1 c. à soupe de fromage et 75 ml (⅓ tasse) du mélange au porc en une colonne le long du centre de chaque tortilla. Les rouler et les disposer dans le plat pour le four la couture vers le bas. Napper uniformément de sauce et de fromage. Cuire au four 15 à 20 min, jusqu'à ce que les tortillas soient chaudes et bouillonnantes.

Rôti de porc polynésien

Ce plat principal tout simple cuit au four donnera à votre cuisine des airs de banquet. Servez avec du riz cuit et des noix de macadamia hachées pour un repas estival.

375 ml (1 ½ tasse) d'oignons hachés
250 ml (1 tasse) de morceaux d'ananas dans son jus en boîte
  ou réfrigérés, égouttés
250 ml (1 tasse) de sauce marinara réfrigérée ou en bocal
125 ml (½ tasse) d'eau
60 ml (¼ tasse) de cassonade
2 c. à soupe de gingembre frais râpé réfrigéré
2 c. à café (2 c. à thé) de sauce aux piments forts
1 rôti de longe de porc désossé (1 kg ou 2 à 2 ¼ lb)

Préchauffer le four à 180 °C (350 °C). Vaporiser d'huile végétale un plat pour le four de 32,5 cm x 22,5 cm (13 po x 9 po).

Combiner les poivrons, les oignons, l'ananas, la sauce, l'eau, le sucre, le gingembre et la sauce aux piments forts dans le plat et mélanger. Placer le rôti au centre. Napper le rôti du mélange. Couvrir lâchement avec une tente de papier d'aluminium.

Cuire au four environ 1 h 15, jusqu'à ce que la température au centre atteigne 70 °C (155 °F).

Préparation = 5 min   **Cuisson** = 1 h 15 min
Rendement = 4 à 6 portions

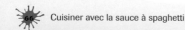

Soc de porc braisé à l'alfredo

*Marcella Hazan, la gourou de la cuisine
italienne, a popularisé ce plat en Amérique.
Il s'agit essentiellement d'une coupe de porc riche
braisée dans du lait. Dans cette version,
la sauce alfredo enrichit le liquide de braisage.*

1 soc de porc désossé (croupon de Boston) de 1 à 1,1 kg (2 à 2 ½ lb)
sel et poivre noir moulu
2 c. à soupe d'huile d'olive
2 c. à soupe d'ail émincé conservé dans l'huile
2 à 3 tiges de marjolaine ou thym frais ou 1 c. à café (1 c. à thé) séché
625 ml à 750 ml (2 ½ à 3 tasses) de lait
250 ml (1 tasse) de sauce alfredo réfrigérée ou en bocal

Éponger le rôti avec des essuie-tout et l'assaisonner de tous côtés.
Faire chauffer l'huile à feu moyen-vif dans une marmite épaisse juste
assez grande pour le rôti. Ajouter le rôti et le faire dorer environ
10 min de tous côtés. Ajouter l'ail et la marjolaine ou thym et cuire
30 sec. Ajouter doucement du lait jusqu'à mi-hauteur du rôti
(environ 250 ml ou 1 tasse) et porter à ébullition. Réduire le feu à
doux, couvrir partiellement et laisser mijoter doucement environ 1 h
en tournant le rôti de temps à autre. Lorsque le lait s'est épaissi pour
former des grumeaux et est devenu brun doré, incorporer du lait
additionnel jusqu'à mi-hauteur. Couvrir et cuire 1 h 30 à 2 h, jusqu'à
ce que le rôti soit tendre lorsqu'on le pique avec une fourchette.
Tourner la viande de temps à autre et ajouter du lait au besoin pour
empêcher d'assécher la marmite.

Réserver le rôti sur un plateau et couvrir pour le garder au chaud.
Enlever et jeter les tiges d'herbe (le cas échéant). Écumer la plus
grande partie du gras dans la marmite avec une cuillère. Bouillir à feu
vif 2 min en grattant le fond de la marmite. Réduire le feu à doux,
incorporer la sauce alfredo en fouettant et chauffer de part en part.

Trancher le rôti et servir en le nappant de sauce.

Préparation = 2 min   **Cuisson** = 2 h 30 à 3 h
(sans surveillance pour la plupart)   **Rendement** = 4 à 6 portions

Paupiettes de porc aux raisins secs et pignons

*Les paupiettes («rollatine» ou «braciole» en italien)
sont de minces lanières de viande farcies et roulées.
Voici une recette de rollatine à base de longe de porc
attendrie qui s'inspire d'une recette du livre de Tony May,*
Italian Cuisine, *une excellente initiation à la cuisine italienne.
Si vous n'avez pas de sauce à la vodka, remplacez-la
par la traditionnelle sauce tomate basilic.*

**455 g (1 lb) de longe de porc désossée,
  en tranches de 1 cm (½ po)**
60 ml (¼ tasse) de fromage asiago ou parmesan râpé
2 c. à soupe de raisins secs
2 c. à soupe de pignons
1 c. à soupe de petites câpres, égouttées
1 c. à soupe d'ail émincé conservé dans l'huile
1 c. à soupe de paprika
2 c. à soupe d'huile d'olive
125 ml (½ tasse) de xérès
**375 ml (1 ½ tasse) de sauce tomate réfrigérée
  ou en bocal à la vodka**

Arroser les tranches de porc d'un peu d'eau et les placer entre
deux épaisseurs de pellicule moulante. Attendrir à l'aide du côté plat
d'un maillet à viande ou une poêle épaisse jusqu'à une épaisseur
de 0,5 cm (¼ po).

Préparation = 25 min **Cuisson** = 30 min **Rendement** = 4 à 6 portions

Mélanger 2 c. à soupe de fromage, les raisins secs, les pignons, les câpres et l'ail. Répartir la garniture également parmi les tranches de porc et les rouler. Enduire les rouleaux de paprika. Fixer chaque rouleau en place à l'aide de deux cure-dents ou de la ficelle.

Chauffer l'huile dans une très grande poêle à feu moyen-vif. Ajouter les rouleaux et les faire dorer 8 à 10 min de tous côtés. Ajouter le xérès et laisser mijoter en grattant le fond de la poêle, jusqu'à réduction du tiers. Réduire le feu à moyen-doux et ajouter la sauce. Napper les rouleaux avec un peu de sauce, couvrir la poêle et laisser mijoter doucement 20 à 25 min, jusqu'à ce que le porc perde sa teinte rosée.

Réserver les rouleaux sur un plateau ou des assiettes et laisser reposer 5 min. Enlever et jeter les cure-dents ou la ficelle et couper les rouleaux en tranches de 1 cm (½ po). Retourner le jus du plateau ou des assiettes à la poêle. Réchauffer la sauce et servir avec le porc. Garnir de basilic et des 2 c. à soupe de fromage restant.

Côtes levées braisées aux trois piments chili

Les côtes levées grillées sont savoureuses, mais celles que l'on fait mijoter doucement pardonnent plus facilement. Avec cette méthode, vous serez assuré de servir des côtes tendres et succulentes. L'intensité du piquant est moyenne ici, mais si vos goûts vous poussent vers le volcanique, augmentez la quantité de piment chipotle. La polenta accompagne parfaitement ce plat.

Environ 1,5 kg (3 lb) de côtes levées
2 c. à café (2 c. à thé) de paprika (fumé de préférence)
2 c. à café (2 c. à thé) de piment ancho en poudre
1 à 2 c. à café (1 à 2 c. à thé) de piment chipotle en poudre
½ c. à café (½ c. à thé) de sucre
½ c. à café (½ c. à thé) de sel
¼ c. à café (¼ c. à thé) de poivre noir moulu
125 ml (½ tasse) de vin rouge sec
375 ml (1 ½ tasse) de sauce marinara réfrigérée ou en bocal
   au vin rouge

Couper les côtes levées en côtes individuelles. Couper près de l'os pour laisser une bonne lanière de viande de l'autre côté. Combiner le paprika, le piment ancho, le piment chipotle, le sucre, le sel et le poivre noir. Enduire les côtes de tous côtés du mélange à épices.

Préchauffer le four à 180 °C (350 °F).

Chauffer une grande poêle profonde allant au four à feu moyen-vif. Lorsque la poêle est chaude, ajouter les côtes et les faire dorer 10 à 12 min de tous côtés. Réserver sur un plateau.

Verser le vin dans la poêle et faire bouillir 2 à 3 min en grattant le fond de la poêle jusqu'à réduction d'environ la moitié. Réduire le feu à moyen et incorporer la sauce. Faire mijoter, puis retourner les côtes dans la poêle en les nappant de sauce.

Couvrir et cuire au four environ 1 h, jusqu'à ce que la viande soit très tendre et se détache facilement des os.

Préparation = 5 min **Cuisson** = 1 h 15 (sans surveillance pour la plupart)
Rendement = 4 portions

Plats principaux à l'agneau

Ragoût d'agneau aux haricots blancs

La cuisson lente constitue le secret bien gardé de bien des grands-mères françaises. Ce ragoût cuit au four mais si vous préférez la mijoteuse, vous pouvez le cuire 7 à 8 h à faible intensité. Une salade de chicorée frisée, de tranches de poire et de noix accompagne merveilleusement ce plat.

1 kg (2 lb) d'agneau à ragoût bien paré
1 boîte (426 ml ou 15 oz) de haricots Great Northern ou cannellino, égouttés et rincés
500 ml (2 tasses) de petits oignons blancs surgelés
60 ml (¼ tasse) de farine tout usage
60 ml (¼ tasse) de persil frais, haché
1 c. à soupe d'ail émincé conservé dans l'huile
1 c. à café (1 c. à thé) d'herbes de Provence
1 c. à café (1 c. à thé) de poivre noir moulu
250 ml (1 tasse) de sauce tomate réfrigérée ou en bocal au vin rouge
125 ml (½ tasse) de vin rouge sec

Préchauffer le four à 180 °C (350 °F). Dans une grande marmite allant au four, combiner l'agneau, les haricots, les oignons, la farine, le persil, l'ail, les herbes et le poivre. Mélanger pour enduire tous les ingrédients de farine. Ajouter la sauce et le vin et mélanger. Couvrir de façon étanche. Cuire au four environ 2 h, jusqu'à ce que l'agneau soit tendre lorsqu'on le pique avec une fourchette.

Préparation = 5 min   **Cuisson** = 2 h   **Rendement** = 4 à 6 portions

Galettes d'agneau nord-africaines aux tomates et à la menthe

La menthe fraîche rehausse à merveille la sauce de ces galettes d'agneau. Mal pris, utilisez 1 c. à café (1 c. à thé) de menthe séchée mélangée à 2 c. à soupe de persil frais pour la remplacer. Insérez les galettes dans des moitiés de pita réchauffées avec une bonne dose de yogourt nature.

680 g (1 ½ lb) d'agneau haché maigre
1 ½ c. à café (1 ½ c. à thé) de cumin moulu
1 c. à café (1 c. à thé) d'ail émincé conservé dans l'huile
½ c. à café (½ c. à thé) de poivre noir moulu
¼ c. à café (¼ c. à thé) de sel
1 c. à soupe d'huile d'olive
250 ml (1 tasse) de sauce marinara réfrigérée ou en bocal
3 c. à soupe de feuilles de menthe fraîche hachées

Dans un bol, combiner l'agneau, le cumin, l'ail, le poivre et le sel. Façonner 6 galettes ovales de 1 cm (½ po).

Chauffer l'huile dans une grande poêle à feu moyen-vif. Faire revenir les galettes environ 4 min en les tournant une fois, jusqu'à ce qu'elles soient dorées des deux côtés. Retirer du feu ; écumer l'excès de gras dans la poêle et jeter. Remettre la poêle sur un feu moyen. Ajouter la sauce et la menthe. Couvrir partiellement. Réduire le feu pour laisser mijoter sans plus. Cuire environ 12 min, jusqu'à ce que les galettes perdent leur teinte rosée au milieu.

Préparation = 3 min **Cuisson** = 16 min **Rendement** = 4 à 6 portions

Pâté chinois
à l'agneau

*Cette recette anglaise classique de viande et
de pommes de terre est rustique et rassasiante.
Elle est cuite et servie dans la même poêle allant
au four mais vous pouvez transférer le mélange dans
un plat de cuisson peu profond de 2,5 litres (10 tasses).*

1 recette de purée de pommes de terre crémeuse (page 214)
2 c. à soupe d'huile d'olive
375 ml (1 ½ tasse) d'oignons hachés
125 ml (½ tasse) de carottes hachées
1 c. à soupe d'ail émincé conservé dans l'huile
1 ½ c. à café (1 ½ c. à thé) de thym séché
680 g (1 ½ lb) d'agneau haché
375 ml (1 ½ tasse) de sauce tomate réfrigérée ou en bocal à l'ail
   et aux oignons
125 ml (½ tasse) de bouillon de poulet à teneur réduite en sodium
¼ c. à café (¼ c. à thé) de paprika

Préparer la recette de purée de pommes de terre telle qu'indiquée et
garder au chaud.

Entre-temps, chauffer l'huile à feu moyen-vif dans une grande
poêle allant au four (une poêle en fonte de 25 à 30 cm (10 à 12 po)
par exemple). Ajouter les oignons et les carottes et faire revenir
environ 5 min, jusqu'à ce que les oignons soient dorés. Ajouter l'ail,
le thym et l'agneau et cuire 4 à 6 min en défaisant la viande, jusqu'à
ce qu'elle perde sa teinte rosée. Incorporer la sauce tomate et le
bouillon. Réduire le feu à moyen-doux et continuer la cuisson 20 à
25 min, jusqu'à ce que la sauce soit très épaisse.

Préchauffer le gril du four. Étendre la purée de pommes de terre
sur la viande. Imprimer des lignes ondulées sur la surface à l'aide
d'une fourchette. Saupoudrer de paprika et cuire sous le gril 2 à
3 min à 10 cm (4 po) de l'élément chauffant, jusqu'à ce que la purée
soit légèrement dorée.

Préparation = 5 min   **Cuisson** = 35 min   **Rendement** = 6 portions

Moussaka

Les Grecs connaissent bien l'agneau et ce plat cuit en cocotte est un mets grec classique. Des couches savoureuses d'aubergine sont entourées d'agneau haché assaisonné et de sauce blanche à la menthe, au piment de la Jamaïque et au fromage feta. Cette version utilise à la fois la sauce tomate et la sauce alfredo de votre garde-manger.

3 c. à soupe d'huile d'olive
500 ml (2 tasses) d'oignons hachés
1 c. à café (1 c. à thé) d'ail émincé conservé dans l'huile
800 g (1 ¾ lb) d'agneau haché
1 c. à soupe de menthe fraîche hachée
   ou 1 ½ c. à café (1 ½ c. à thé) de menthe séchée ou origan
1 c. à café (1 c. à thé) de piment de la Jamaïque moulu
1 c. à café (1 c. à thé) de poivre noir moulu
1 c. à café (1 c. à thé) de sel
375 ml (1 ½ tasse) de sauce marinara réfrigérée ou en bocal
2 grosses aubergines (1 à 1,1 kg ou 2 à 2 ½ lb)
1 gros œuf
375 ml (1 ½ tasse) de sauce alfredo réfrigérée ou en bocal
    ¾

Chauffer 1 c. à soupe d'huile dans une grande poêle à feu moyen. Ajouter les oignons et faire revenir environ 5 min, jusqu'à ce qu'ils soient dorés. Augmenter le feu à vif et ajouter l'ail, l'agneau, la menthe ou l'origan, le piment de la Jamaïque, ½ c. à café (½ c. à thé) de poivre et ½ c. à café (½ c. à thé) de sel. Cuire 4 à 6 min en défaisant la viande jusqu'à ce qu'elle perde sa teinte rosée.

Préparation = 15 min **Cuisson** = 55 min
(sans surveillance pour la plupart) **Rendement** = 6 à 8 portions

---

Incorporer la sauce tomate, réduire le feu à moyen-doux et laisser mijoter doucement 15 à 20 min, jusqu'à légèrement épaissi.

Entre-temps, préchauffer le gril du four. Peler les aubergines et les trancher sur la longueur en tranches d'environ 1 cm (½ po). Placer les tranches sur une grande plaque et brosser les deux côtés avec les 2 c. à soupe d'huile d'olive restante. Saupoudrer de la ½ c. à café (½ c. à thé) de sel et la ½ c. à café (½ c. à thé) de poivre restants. Cuire sous le gril 3 à 5 min par côté à 10 à 13 cm (4 à 5 po) de l'élément chauffant, jusqu'à ce qu'elles soient légèrement dorées.

Dans un bol moyen, battre l'œuf, la sauce alfredo et le feta.

Réduire la température du four à 180 °C (350 °F). Disposer une couche d'aubergines dans le fond d'un plat de cuisson peu profond de 2,5 litres (10 tasses) (un plat de 27,5 x 17,5 cm ou 11 x 7 po, par exemple). Étendre une couche de mélange à l'agneau par-dessus à la cuillère. Ajouter une autre couche d'aubergines, une autre couche d'agneau et une dernière couche d'aubergines. Piquer en plusieurs endroits avec une fourchette. Verser la sauce alfredo par-dessus.

Cuire au four 30 à 35 min, jusqu'à ce que le dessus soit doré et bien gratiné. Laisser reposer 15 min avant de couper.

Cari d'agneau
à la crème

Ce cari préparé avec du beurre d'amande et une sauce tomate crémeuse est d'une richesse décadente. Vous pouvez y ajouter des pois surgelés si vous voulez. Vous trouverez le beurre d'amande au rayon des produits naturels de votre épicerie ou avec le beurre d'arachide. Si vous n'en trouvez pas, broyez 125 ml (½ tasse) d'amandes émondées dans un robot culinaire avec la sauce tomate à la vodka. Garnissez d'amandes en tranches et de coriandre fraîche hachée.

**680 g (1 ½ lb) de gigot d'agneau désossé, coupé en cubes
de 2,5 cm (1 po)**
1 c. à soupe de poudre de cari de Madras
½ c. à café (½ c. à thé) de sel
une pincée de poivre de Cayenne ou plus au goût
1 c. à soupe d'huile végétale
500 ml (2 tasses) d'oignons hachés
1 c. à soupe d'ail émincé conservé dans l'huile
2 c. à café (2 c. à thé) de gingembre frais râpé en bocal
**500 ml (2 tasses) de sauce tomate réfrigérée ou en bocal
à la vodka**
125 ml (½ tasse) de beurre d'amande
250 ml (1 tasse) de crème épaisse ou de crème 50-50 (11,5 % M.G.)

Enduire l'agneau de tous côtés de poudre de cari, de sel et de poivre de Cayenne.

Faire chauffer l'huile dans une casserole moyenne ou une grande poêle profonde à feu moyen-vif. Ajouter l'agneau et faire revenir environ 5 min en remuant de temps à autre, jusqu'à ce qu'il soit doré de tous côtés. Réserver sur un plateau.

Ajouter les oignons et cuire environ 4 min, jusqu'à ce qu'ils soient dorés. Ajouter l'ail et le gingembre et cuire 1 min. Réduire le feu à moyen-doux et ajouter la sauce tomate, le beurre d'amande et la crème en remuant de fond en comble. Retourner l'agneau et son jus à la poêle, couvrir et laisser mijoter doucement 25 à 30 min, jusqu'à ce qu'il soit tendre.

Préparation = 5 min   **Cuisson** = 35 min   **Rendement** = 4 portions

---

Agneau grillé au pesto

Voici un plat qui demande peu d'efforts pour un résultat fabuleux. Vous n'avez qu'à faire mariner un gigot d'agneau papillon dans un pesto modifié, puis le faire griller 30 min. Un risotto ou un couscous sera idéal comme accompagnement.

2 citrons
125 ml (½ tasse) de pesto au basilic réfrigéré ou en bocal
2 c. à soupe d'huile d'olive extra-vierge
1 c. à café (1 c. à thé) de paprika, fumé de préférence
1 gigot d'agneau papillon désossé (1,5 à 1,8 kg ou 3 à 4 lb)

Râper le zeste des deux citrons dans un bol. Presser le jus d'un citron dans le bol. Incorporer le pesto, l'huile d'olive et le paprika. Frotter l'agneau de tous côtés avec le mélange, couvrir et réfrigérer au moins 8 h ou jusqu'au lendemain.

Réchauffer l'agneau environ 20 min à température ambiante.

Préchauffer le gril à moyen-vif. Griller l'agneau directement sur le feu environ 30 à 35 min pour une cuisson mi-saignante en tournant souvent jusqu'à ce qu'un thermomètre inséré au milieu indique 55 °C (130 °F). Laisser reposer 10 min avant de trancher.

Couper les citrons restants en quartiers et servir comme condiment.

Préparation = 5 min + 8 h de macération   **Cuisson** = 30 min
Rendement = 10 à 12 portions

Agneau marocain avec couscous

Ne vous laissez pas décourager par la longue liste d'ingrédients dans cette recette. Ce sont des épices pour la plupart qui sont mélangées ensemble pour assaisonner l'agneau. Le temps de préparation n'est que de 5 min et le repas au complet se matérialise en moins de 30 min.

1 boîte (170 g ou 6 oz) de couscous aux pignons rôtis
½ c. à café (½ c. à thé) de coriandre moulue
½ c. à café (½ c. à thé) de cumin moulu
¼ c. à café (¼ c. à thé) de filaments de safran ou curcuma moulu
¼ c. à café (¼ c. à thé) de cannelle moulue
¼ c. à café (¼ c. à thé) de poivre noir moulu
¼ c. à café (¼ c. à thé) de sel
Une pincée de poivre de Cayenne ou plus au goût
570 g (1 ¼ lb) de gigot d'agneau désossé, coupé en cubes
    de 2,5 cm (1 po)
2 c. à soupe d'huile d'olive
375 ml (1 ½ tasse) d'oignons hachés
1 c. à soupe d'ail émincé conservé dans l'huile
2 c. à café (2 c. à thé) de gingembre frais râpé en bocal
125 ml (½ tasse) de raisins secs
500 ml (2 tasses) de sauce tomate réfrigérée ou en bocal à l'ail
    et aux oignons

Préparation = 5 min   **Cuisson** = 20 min   **Rendement** = 4 portions

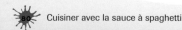

Préparer le couscous selon les indications de l'emballage. Entre-temps, combiner la coriandre, le cumin, le safran ou le curcuma, le poivre noir, le sel et le poivre de Cayenne dans un bol moyen. Mélanger avec les cubes d'agneau pour les enduire de tous côtés.

Faire chauffer l'huile dans une casserole moyenne à feu moyen-vif. Ajouter l'agneau et cuire environ 5 min en remuant de temps à autre, jusqu'à ce qu'il soit doré de tous côtés. Réserver sur un plateau et couvrir pour le tenir chaud.

Réduire le feu à moyen, ajouter les oignons et faire revenir environ 4 min, jusqu'à ce qu'ils soient dorés. Ajouter l'ail et le gingembre et cuire 1 min. Ajouter les raisins secs, la sauce tomate et 125 ml (½ tasse) d'eau. Laisser mijoter, puis réduire le feu à moyen-doux et retourner l'agneau à la casserole. Laisser mijoter doucement 10 à 12 min, jusqu'à ce que les saveurs s'amalgament.

Servir l'agneau avec le couscous.

Jarrets d'agneau braisés
à la provençale

2 c. à café (2 c. à thé) de paprika
½ c. à café (½ c. à thé) de romarin ou thym séché, écrasé
¼ c. à café (¼ c. à thé) de sel
¼ c. à café (¼ c. à thé) de poivre noir moulu
4 jarrets d'agneau (1,4 à 1,6 kg ou 3 à 3 ½ lb au total)
175 ml (¾ tasse) de farine tout usage
1 c. à soupe d'huile d'olive
500 ml (2 tasses) d'oignons hachés
2 c. à soupe d'ail émincé conservé dans l'huile
1 feuille de laurier
250 ml (1 tasse) de vin blanc sec
250 ml (1 tasse) de bouillon de poulet
375 ml (1 ¾ tasse) de sauce marinara réfrigérée ou en bocal
zeste et jus d'un citron
75 ml (⅓ tasse) d'olives noires, dénoyautées et coupées en 2

Préchauffer le four à 170 °C (325 °F).

Combiner le paprika, le romarin ou le thym, le sel et le poivre noir. Enduire les jarrets de tous côtés avec le mélange d'épices. Fariner l'agneau et le tapoter pour enlever l'excès.

Faire chauffer l'huile à feu moyen dans un faitout ou une autre marmite allant au four. Ajouter les jarrets d'agneau (en petites quantités au besoin pour ne pas surcharger le plat) et cuire 8 à 10 min, jusqu'à ce qu'ils soient dorés de tous côtés. Réserver sur une assiette.

Jeter le gras du plat sauf 1 c. à soupe. Ajouter les oignons et faire revenir 4 min, jusqu'à ce qu'ils soient dorés. Ajouter l'ail et la feuille de laurier et cuire 1 min. Ajouter le vin et laisser mijoter en grattant les résidus de cuisson, jusqu'à réduction de moitié du liquide. Ajouter le bouillon, la sauce et le zeste de citron (réserver le jus de citron) et laisser mijoter. Retourner les jarrets à la marmite et les badigeonner de sauce. Couvrir et cuire au four environ 2 h, jusqu'à ce que la viande soit tendre lorsqu'on la pique avec une fourchette.

Enlever et jeter la feuille de laurier et écumer l'excès de gras avec une cuillère. Incorporer le jus de citron et les olives. Servir les jarrets avec la sauce.

Préparation = 5 min **Cuisson** = 2 à 2 h 30 (sans surveillance pour la plupart)
Rendement = 4 portions

Plats principaux au poulet et à la dinde

Escalopes de poulet, sauce crémeuse aux champignons

Les escalopes de poulet ultraminces et emballées que l'on trouve dans les supermarchés cuisent en moins de 5 min. Vous pouvez également utiliser des escalopes de dinde, de veau ou de porc.

3 c. à soupe de beurre, en deux parts
680 g (1 ½ lb) d'escalopes de poulet tranchées
225 g (½ lb) de champignons bruns tranchés
½ c. à café (½ c. à thé) de poivre noir moulu
⅛ c. à café (⅛ c. à thé) de muscade moulue
sel
250 ml (1 tasse) de sauce alfredo réfrigérée ou en bocal
2 c. à soupe de persil frais émincé (facultatif)

Dans une grande poêle, chauffer 1 c. à soupe de beurre à feu moyen-vif. Ajouter la moitié des escalopes. Cuire environ 2 min par côté, jusqu'à ce qu'elles soient dorées. Réserver sur une assiette. Répéter avec 1 c. à soupe de beurre et le restant des escalopes. Réserver sur une assiette.

Ajouter la c. à soupe de beurre restant, les champignons, le poivre, la muscade et une pincée de sel et mélanger. Couvrir et cuire environ 5 min à feu moyen en mélangeant à l'occasion, jusqu'à ce que les champignons rendent leur jus. Découvrir et cuire jusqu'à évaporation de la plus grande partie du liquide. Réduire le feu à moyen-doux. Incorporer la sauce alfredo. Retourner les escalopes et le jus accumulé dans l'assiette à la poêle. Laisser mijoter environ 2 min, jusqu'à ce qu'elles soient chauffées de part en part. Parsemer de persil si désiré.

Préparation = 3 min **Cuisson** = 12 min **Rendement** = 4 à 6 portions

Poulet parmigiana

Avec une sauce préparée et des escalopes de poulet tranchées, ce repas classique devient simple à préparer.

125 ml (½ tasse) de farine tout usage
1 gros œuf, légèrement battu
250 ml (1 tasse) de chapelure assaisonnée
175 ml (¾ tasse) de fromage parmesan râpé
2 c. à soupe de persil frais, haché
680 g (1 ½ lb) d'escalopes de poulet tranchées
60 ml (¼ tasse) d'huile d'olive
425 ml (1 ¾ tasse) de sauce tomate basilic réfrigérée
**   ou en bocal**
170 g (6 oz) de fromage mozzarella, en tranches fines

Mettre la farine dans un bol peu profond et l'œuf dans un autre. Mélanger la chapelure, 60 ml (¼ tasse) de fromage parmesan et 1 c. à soupe de persil dans un troisième bol peu profond. Enduire le poulet de farine en le tapotant pour enlever l'excès. Rouler dans l'œuf, puis l'enduire de chapelure de tous côtés. Répéter pour les autres escalopes.

Chauffer l'huile dans une grande poêle épaisse à feu moyen-vif. Ajouter le poulet et faire revenir 2 à 3 min par côté, jusqu'à ce qu'il soit doré des deux côtés.

Préchauffer le four à 180 °C (350 °F).

Verser 1 c. à soupe d'huile de la poêle dans un plat de cuisson de 32,5 x 22,5 cm (13 x 9 po). Y verser 125 ml (½ tasse) de la sauce tomate et l'étendre uniformément. Disposer le poulet par-dessus en laissant se recouper les morceaux au besoin. Verser les 300 ml (1 ¼ tasse) de sauce restante sur le poulet. Disposer les tranches de mozzarella par-dessus et saupoudrer des 125 ml (½ tasse) de fromage parmesan restant.

Couvrir avec un papier d'aluminium et cuire au four 20 à 25 min, jusqu'à ce que le plat soit très chaud et bouillonnant. Pour faire gratiner le fromage, découvrir et allumer le gril. Cuire sous le gril à 10 cm (4 po) de l'élément chauffant 1 à 3 min, jusqu'à ce que le fromage soit légèrement gratiné. Parsemer de la c. à soupe de persil frais haché restant.

Préparation = 15 minutes   **Cuisson** = 30 min   **Rendement** = 4 portions

Poulet saisi dans la poêle, sauce aux aubergines

Pour un plat plus consistant, faites revenir 225 g (½ lb) de chair à saucisse italienne dans la poêle après avoir saisi le poulet. Servez ce repas prêt en 30 min avec du riz ou des nouilles.

680 g (1 ½ lb) de poitrines ou hauts de cuisse de poulet désossés sans la peau
sel et poivre noir moulu
1 c. à café (1 c. à thé) de paprika
farine tout usage
3 c. à soupe d'huile d'olive
1 aubergine moyenne (environ 340 g ou ¾ lb), pelée et coupée en petites bouchées
1 c. à soupe d'ail émincé conservé dans l'huile
½ c. à café (½ c. à thé) de graines de fenouil
1 bocal (738 ml ou 26 oz) de sauce marinara au vin rouge
175 ml (¾ tasse) de bouillon de poulet à teneur réduite en sodium
2 c. à café (2 c. à thé) de romarin frais haché

Préchauffer le four à 180 °C (350 °F).

Assaisonner légèrement le poulet de tous côtés avec le sel, le poivre et le paprika. Rouler dans la farine en le tapotant pour enlever l'excès.

Chauffer 2 c. à soupe d'huile dans une grande poêle allant au four à feu moyen-vif. Ajouter le poulet et le faire revenir 4 à 5 min de tous côtés. Réserver sur un plateau et garder au chaud.

Ajouter la c. à soupe d'huile restante. Assaisonner légèrement l'aubergine et l'ajouter à la poêle. Cuire 2 à 3 min en remuant souvent. Ajouter l'ail et les graines de fenouil et cuire 1 min. Incorporer la sauce, le bouillon et le romarin. Retirer du feu et retourner le poulet à la poêle, le badigeonnant de sauce. Couvrir et cuire au four environ 15 min, jusqu'à ce que le poulet perde sa teinte rosée au centre (75 °C ou 165 °F sur un thermomètre à lecture rapide).

Préparation = 5 min   **Cuisson** = 25 min   **Rendement** = 4 portions

Poulet indien du Nord, sauce tomate épicée

Le mélange à épices indien «garam masala» est de plus en plus largement répandu dans les supermarchés. Typiquement, il renferme du poivre noir, de la cannelle, des clous de girofle, de la coriandre, du cumin, de la cardamome, des piments chili séchés, du fenouil, du macis et de la muscade. Vous pouvez remplacer le garam masala par de la poudre de cari si vous voulez changer le goût.

2 c. à soupe d'huile végétale
680 g (1 ½ lb) de poitrines ou hauts de cuisse de poulet désossés
sans la peau, coupés en bouchées
250 ml (1 tasse) de poivrons tricolores hachés
2 bottes (375 ml ou 1 ½ tasse) d'oignons verts entiers, coupés
en morceaux de 2,5 cm (1 po)
1 piment serrano, émincé
1 c. à soupe d'ail émincé conservé dans l'huile
2 c. à café (2 c. à thé) de gingembre frais réfrigéré râpé
2 c. à café (2 c. à thé) de garam masala moulu
250 ml (1 tasse) de sauce marinara réfrigérée ou en bocal
60 ml (¼ tasse) d'eau

Faire chauffer l'huile dans une grande poêle à feu moyen-vif. Ajouter le poulet. Faire revenir environ 5 min, jusqu'à ce qu'il perde sa teinte rosée. Ajouter les poivrons, les oignons verts, les piments, l'ail, le gingembre et le garam masala. Augmenter le feu à vif. Faire revenir environ 4 min, jusqu'à ce qu'une croûte dorée se forme au fond de la poêle. Ajouter la sauce et l'eau. Gratter le fond de la poêle pour libérer les résidus de cuisson. Réduire le feu à moyen-doux. Laisser mijoter doucement environ 3 min, jusqu'à ce que le poulet soit cuit de part en part.

Préparation = 3 min   **Cuisson** = 12 min
Rendement = 4 à 6 portions

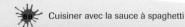

Cari de poulet jamaïcain

Voici une variante simplifiée du cari de chèvre jamaïcain, un des plats les plus populaires de l'île. Servez-le avec du riz et un chutney aux mangues en bocal.

2 c. à soupe de poudre de cari
2 piments scotch bonnet, habanero ou Jalapeño, épépinés et émincés
1 c. à soupe d'ail émincé conservé dans l'huile
1 gros oignon vert, haché finement
½ c. à café (½ c. à thé) de sel
¼ c. à café (¼ c. à thé) de poivre noir moulu
60 ml (¼ tasse) d'huile végétale
1 kg (2 lb) de hauts de cuisse de poulet désossés sans la peau, coupés en morceaux de 2,5 cm (1 po)
500 ml (2 tasses) d'oignons hachés
375 ml (1 ½ tasse) de sauce tomate réfrigérée ou en bocal à l'ail et aux oignons
250 à 375 ml (1 à 1 ½ tasse) de bouillon de poulet à teneur réduite en sodium ou eau

Dans un grand bol, combiner la poudre de cari, les piments chili, l'ail, l'oignon vert, le sel, le poivre et 2 c. à soupe d'huile. Ajouter le poulet et mélanger pour l'enduire de tous côtés. Couvrir et réfrigérer au moins 2 h ou jusqu'à 12 h.

Au moment de la cuisson, laisser le poulet reposer à température ambiante 30 min. Faire chauffer les 2 c. à soupe d'huile restante dans un faitout ou une grande poêle profonde à feu moyen-vif. Retirer le poulet de la marinade et réserver celle-ci. Ajouter le poulet à la poêle (en petites quantités au besoin) et faire revenir 5 à 7 min pour le dorer de tous côtés. Réserver sur une assiette et garder au chaud. Ajouter les oignons à la poêle et faire revenir environ 4 min, jusqu'à ce qu'ils soient dorés. Ajouter la sauce, le bouillon et la marinade réservée et porter à ébullition. Réduire le feu à doux et retourner le poulet à la poêle. Couvrir et laisser mijoter très doucement 30 à 40 min, jusqu'à ce que la viande soit tendre et la sauce très épaisse.

Préparation = 5 min + 2 à 12 h de macération **Cuisson** = 1 h 15
(sans surveillance pour la plupart) **Rendement** = 4 portions

Poulet à la sauce buffalo en casserole

Pourquoi réserver la sauce buffalo uniquement pour les ailes de poulet ? Voici comment utiliser cette sauce épicée pour relever un plat qui fera sûrement des heureux.

3 c. à soupe d'huile d'olive
1 kg (2 à 2 ¼ lb) de hauts de cuisse de poulet désossés sans la peau
farine tout usage
175 ml (¾ tasse) de céleri haché
175 ml (¾ tasse) d'oignons hachés
250 ml (1 tasse) de sauce tomate réfrigérée ou en bocal à l'ail et aux oignons
1 c. à soupe de sauce aux piments forts douce
175 ml (¾ tasse) de fromage bleu émietté

Préchauffer le four à 180 °C (350 °F). Vaporiser d'huile végétale un plat de cuisson de 32,5 x 22,5 cm (13 x 9 po).

Faire chauffer l'huile dans une grande poêle à feu vif. Saupoudrer le poulet de farine en le secouant pour enlever l'excès. Déposer dans la poêle et faire revenir des deux côtés environ 5 min au total, jusqu'à ce qu'il soit doré. Transférer dans le plat de cuisson préparé. Réduire le feu à moyen. Ajouter le céleri et les oignons en grattant les résidus de cuisson. Faire revenir environ 2 min en remuant, jusqu'à ce qu'ils soient dorés. Ajouter la sauce tomate et la sauce aux piments forts. Porter presque au point d'ébullition. Verser sur le poulet réservé. Couvrir le plat de papier d'aluminium.

Cuire au four 20 min. Enlever le papier d'aluminium. Parsemer le poulet de fromage. Cuire environ 10 min, jusqu'à ce que le fromage bouillonne.

Préparation = 5 min   **Cuisson** = 37 min   **Rendement** = 4 à 6 portions

Pâté au poulet facile

Les poulets de rôtisserie sont un cadeau du ciel
pour le cuisinier pressé. Pour ce pâté au
poulet crémeux, utilisez un petit poulet rôti,
jetez la peau et les os et coupez la viande
en morceaux (environ 625 ml ou 2 ½ tasses de viande).

2 c. à soupe d'huile végétale
375 ml (1 ½ tasse) d'oignons hachés
375 ml (1 ½ tasse) de carottes hachées
250 ml (1 tasse) de céleri haché
2 c. à soupe de farine tout usage
375 ml (1 ½ tasse) de bouillon de poulet à teneur réduite
  en sodium
500 ml (2 tasses) de sauce alfredo réfrigérée ou en bocal
570 g (1 ¼ lb) de poulet cuit, coupé en bouchées
175 ml (¾ tasse) de petits pois surgelés
2 c. à soupe de persil frais, haché
1 recette de biscuits crémeux au parmesan (page 212) non cuits
  ou 455 g (1 lb) de pâte à biscuits préparée

Préchauffer le four à 200 °C (400 °F). Faire chauffer l'huile dans une grande poêle à feu moyen-vif. Ajouter les oignons, les carottes et le céleri et faire revenir 5 à 7 min, jusqu'à tendreté. Incorporer la farine en remuant et cuire 1 min. Incorporer le bouillon en fouettant et cuire environ 3 min, jusqu'à ce que la sauce soit légèrement épaissie. Retirer du feu et incorporer la sauce alfredo, le poulet, les petits pois et le persil.

Verser la garniture au poulet dans un plat de cuisson de 32,5 x 22,5 cm (13 x 9 po). Disposer la pâte à biscuits coupée selon la forme du plat par-dessus la garniture et cuire au four 20 à 25 min, jusqu'à ce que le pâté bouillonne et que la pâte soit légèrement dorée.

Préparation = 2 min   **Cuisson** = 30 min   **Rendement** = 6 portions

Poulet paprika

*Vous trouverez du paprika hongrois doux
dans des récipients métalliques au rayon des épices
du supermarché. Si vous voulez donner un peu
de gueule à votre repas, ajoutez un peu
de paprika fort. Servez avec des nouilles
au beurre additionnées d'aneth ou de persil frais.*

**680 g (1 ½ lb) de hauts de cuisse de poulet désossés
avec la peau
2 c. à soupe de paprika
sel et poivre noir moulu
2 c. à soupe de beurre
375 ml (1 ½ tasse) d'oignons hachés
2 c. à café (2 c. à thé) de sauce tomate réfrigérée ou en bocal
à l'ail et aux oignons
125 ml (½ tasse) de bouillon de poulet
125 ml (½ tasse) de crème sure**

Mélanger le poulet et 1 c. à soupe de paprika et assaisonner
légèrement.

Faire chauffer 1 c. à soupe de beurre dans une grande poêle à
feu moyen-vif. Ajouter le poulet (en petites quantités au besoin) et
faire revenir 5 min, jusqu'à ce qu'il soit doré. Réserver sur une
assiette et couvrir de papier d'aluminium pour le garder au chaud.

Faire fondre la c. à soupe de beurre restant dans la poêle ; ajouter
les oignons et faire revenir 3 à 4 min, jusqu'à ce qu'ils soient dorés.
Ajouter l'ail et la c. à soupe de paprika restant et cuire 1 min. Ajouter
la sauce tomate et le bouillon. Réduire le feu à moyen et laisser
mijoter 5 à 8 min, jusqu'à ce que la sauce soit légèrement épaissie.
Incorporer la crème sure, puis retourner le poulet à la poêle et cuire
environ 5 min, jusqu'à ce qu'il perde sa teinte rosée (environ 75 °C
ou 165 °F sur un thermomètre à lecture rapide).

Préparation = 2 min **Cuisson** = 20 min **Rendement** = 4 portions

Hauts de cuisses
de poulet chasseur

*La sauce chasseur ou « cacciatore » est
un mets italien apprécié et populaire parce que
les ingrédients sont facilement accessibles. Comme
la plupart des recettes de ce livre, celle-ci ne requiert aucun
effort pour hacher les légumes. Servez avec
du riz cuit et garnissez de basilic frais haché.*

1,4 kg (3 lb) de hauts de cuisse de poulet avec les os et la peau
sel et poivre noir moulu
2 c. à soupe d'huile d'olive
250 ml (1 tasse) d'oignons hachés
375 ml (1 ½ tasse) de poivrons hachés
225 g (½ lb) de champignons tranchés
1 c. à soupe d'ail émincé conservé dans l'huile
½ c. à café (½ c. à thé) de romarin séché
½ c. à café (½ c. à thé) de graines de fenouil
¼ c. à café (¼ c. à thé) de flocons de piment fort, broyés
625 ml (2 ½ tasses) de sauce marinara réfrigérée ou en bocal
**   au vin rouge**

Assaisonner légèrement le poulet. Faire chauffer l'huile dans une
grande poêle profonde à feu moyen-vif. Ajouter le poulet (en petites
quantités au besoin) et faire revenir 6 à 8 min, jusqu'à ce qu'il soit
doré de tous côtés. Réserver sur une assiette.

Ajouter les oignons et faire revenir 3 à 4 min, jusqu'à ce qu'ils
soient ramollis. Ajouter les poivrons et cuire 3 à 4 min, jusqu'à ce
qu'ils soient ramollis. Ajouter les champignons, l'ail, le romarin, le
fenouil et les flocons de piment fort. Cuire 2 min. Ajouter la sauce et
retourner le poulet à la poêle en le badigeonnant de sauce. Réduire
le feu à doux, couvrir et cuire 10 à 15 min, jusqu'à ce que le jus qui
s'écoule du poulet lorsqu'on le pique soit clair. Découvrir et cuire
à feu moyen-vif 2 à 4 min, jusqu'à ce que la sauce soit légèrement
épaissie.

Préparation = 2 min   **Cuisson** = 35 min
Rendement = 4 portions

Poulet braisé aux épinards

*Le temps de préparation ici est réduit au minimum.
Le liquide de braisage est enrichi de sauce
alfredo et d'épinards pour servir de sauce.
Un risotto accompagnera parfaitement ce plat.*

1,6 à 1,8 kg (3 ½ à 4 lb) de morceaux de poulet
sel et poivre noir moulu
2 c. à soupe d'huile d'olive
2 c. à soupe d'ail émincé conservé dans l'huile
250 à 375 ml (1 à 1 ½ tasse) de lait
1 feuille de laurier
**3 à 4 feuilles de sauge fraîche ou ½ c. à café (½ c. à thé)
  de sauge séchée**
500 ml (2 tasses) de jeunes pousses d'épinards lavées
250 ml (1 tasse) de sauce alfredo réfrigérée ou en bocal

Éponger le poulet à l'aide d'essuie-tout et assaisonner légèrement.
Faire chauffer l'huile dans une grande poêle profonde à feu moyen-vif.
Ajouter le poulet et faire dorer environ 5 min de tous côtés. Ajouter
l'ail et cuire 30 sec. Ajouter doucement assez de lait pour couvrir à
peine le poulet (environ 250 ml ou 1 tasse) et porter à ébullition en
grattant le fond de la poêle. Ajouter la feuille de laurier et la sauge et
réduire le feu à moyen-doux. Couvrir partiellement et laisser mijoter
doucement 25 à 30 min en tournant les morceaux de temps à autre,
jusqu'à ce que le jus qui s'écoule du poulet lorsqu'on le pique avec
un couteau soit clair. Ajouter du lait au besoin pour couvrir
partiellement le poulet.

Réserver le poulet sur un plateau et couvrir pour le garder au
chaud. Porter le liquide de braisage à ébullition à feu vif et laisser
bouillir jusqu'à réduction de moitié. Réduire le feu à moyen-doux ;
retirer et jeter la feuille de laurier et la sauge (le cas échéant).
Incorporer les épinards et la sauce alfredo et cuire 2 à 3 min, jusqu'à
ce que le mélange soit chauffé de part en part et que les épinards
commencent à fondre.

Servir le poulet en le nappant de sauce.

Préparation = 2 min **Cuisson** = 40 min (sans surveillance pour la plupart)
Rendement = 4 à 6 portions

Salade de poulet à l'avocat, vinaigrette crémeuse aux tomates séchées

*Si vous avez des restes de poulet rôti au citron
et au basilic (page 98), vous pouvez les utiliser
dans cette recette. Sinon, utilisez un petit poulet rôti,
retirez et jetez la peau et les os et coupez le poulet
en bouchées (environ 625 ml ou 2 ½ tasses).*

**250 ml (1 tasse) de sauce alfredo réfrigérée ou en bocal aux
tomates séchées**
1 ½ c. à café (1 ½ c. à thé) de cumin séché
570 g (1 ¼ lb) de poulet cuit, coupé en bouchées
**1 botte d'oignons verts tranchés, les parties blanches et vert pâle
(75 ml ou ⅓ tasse)**
1,5 litre (6 tasses) de salades mélangées
1 avocat en cubes
250 ml (1 tasse) de tomates raisin, coupées en deux

Dans un grand bol, combiner la sauce et le cumin. Ajouter le poulet
et les oignons verts et mélanger délicatement. Mettre les salades
mélangées sur six assiettes. Couvrir de salade de poulet et garnir
d'avocat et de tomates.

Préparation = 5 min   **Rendement** = 4 à 6 portions

Poulet rôti au citron et au basilic

1 poulet entier (environ 1,8 kg ou 4 lb),
   sans les abats
1 petit citron
125 ml (½ tasse) de pesto au basilic réfrigéré ou
   en bocal
sel et poivre noir moulu
60 ml (¼ tasse) de beurre fondu

Préchauffer le four à 200 °C (400 °F).

Parer le poulet pour enlever l'excès de gras, puis rincer l'intérieur et l'extérieur. Éponger avec des essuie-tout, puis décoller légèrement la peau de tous côtés (il n'est pas essentiel de tout décoller).

Râper le zeste de citron dans un bol, puis incorporer le pesto. À l'aide des doigts ou d'une petite spatule en caoutchouc, étendre presque tout le mélange au pesto entre la peau et la chair du poulet, surtout les poitrines, les hauts de cuisse et les pilons. Étendre le mélange restant à l'intérieur de la cavité. Couper le citron zesté en quartiers et les insérer dans la cavité.

Déposer le poulet sur un gril à rôtir en V ou une grille à rôtisserie dans une rôtissoire peu profonde. Assaisonner l'extérieur du poulet de tous côtés et badigeonner de beurre fondu. Placer le poulet sur le côté sur la grille (la cuisse devrait être sur le dessus). Si une grille plate est utilisée, fixer le poulet en place à l'aide de boules de papier d'aluminium.

Rôtir le poulet 20 à 25 min. Badigeonner de nouveau de beurre, puis inverser le poulet pour que l'autre cuisse soit sur le dessus (empoigner le poulet avec des gants thermorésistants ou insérer une cuillère de bois dans la cavité). Stabiliser le poulet au besoin et rôtir encore 20 à 25 min. Badigeonner de nouveau de beurre, puis tourner le poulet la poitrine sur le dessus et badigeonner du beurre restant. Rôtir 15 à 20 min de plus, jusqu'à ce que la température dans la partie la plus épaisse du haut de cuisse atteigne 75 °C (165 °F).

Dresser le poulet à la verticale pour que le jus s'écoule dans le plat de cuisson.

Préparation = 20 min **Cuisson** = environ 1 h
(sans surveillance pour la plupart) **Rendement** = 4 portions

---

Tetrazzini à la dinde

*La chanteuse d'opéra Luisa Tetrazzini était
célèbre au début des années 1900 pour
sa belle voix de soprano et pour son appétit.
Ce plat riche et crémeux réunit ses aliments préférés :
volaille, champignons et nouilles.*

225 g (½ lb) de nouilles aux œufs ou spaghettis
680 g (1 ½ lb) d'escalopes de dinde
500 ml (2 tasses) de bouillon de poulet
2 c. à soupe de beurre
225 g (½ lb) de champignons cremini ou blancs tranchés
3 c. à soupe de xérès sec
375 ml (1 ½ tasse) de sauce alfredo réfrigérée ou en bocal
125 ml (½ tasse) de fromage parmesan râpé

Cuire les nouilles d'après les indications de l'emballage. Beurrer un plat de cuisson de 32,5 x 22,5 cm (13 x 9 po).

Entre-temps, mettre la dinde et le bouillon dans un faitout ou une grande poêle profonde. Porter à ébullition à feu vif, puis réduire le feu à moyen-doux, couvrir et laisser mijoter tout doucement 8 à 10 min, jusqu'à ce que le jus qui s'écoule de la dinde lorsqu'on la pique soit clair.

Réserver la dinde sur une planche à couper et couper en bouchées. Verser le bouillon dans une mesure en vitre de 500 ml (2 tasses).

Préchauffer le four à 190 °C (375 °F).

Faire fondre le beurre à feu moyen-vif dans le même plat utilisé pour cuire la dinde. Ajouter les champignons et cuire environ 5 min, jusqu'à ce qu'ils rendent leur jus. Ajouter le xérès et cuire 1 min. Incorporer 250 ml (1 tasse) du bouillon réservé, la sauce alfredo et la dinde. Retirer du feu.

Égoutter les pâtes et ajouter le mélange à la dinde en remuant pour bien mélanger. Verser le mélange dans le plat préparé et saupoudrer de parmesan. Cuire 25 à 30 min, jusqu'à ce que le mélange soit bouillonnant et légèrement gratiné.

Préparation = 5 min **Cuisson** = 40 min
Rendement = 6 portions

Filets de dinde cajun

*La sauce alfredo utilisée pour enduire
ces filets appétissants ajoute du goût et de la texture.
Elle permet aussi à la chapelure d'adhérer.*

680 à 800 g (1 ½ à 1 ¾ lb) de filets de dinde
375 ml (1 ½ tasse) de sauce alfredo réfrigérée ou en bocal
375 ml (1 ½ tasse) de chapelure ordinaire
1 c. à soupe + 2 c. à café (2 c. à thé) de mélange
 à épices cajun
250 ml (1 tasse) de sauce tomate réfrigérée ou en bocal
 à l'ail et aux oignons

Préchauffer le four à 200 °C (400 °F). Vaporiser une grande plaque
d'huile végétale.

Couper les filets en lanières diagonales de 2 cm (¾ po). Verser la
sauce alfredo dans un moule à tarte ou autre plat peu profond. Sur
une grande feuille de papier ciré placée à côté de la sauce, combiner
la chapelure et le mélange à épices cajun. Tremper les filets dans la
sauce un à la fois en égouttant l'excès. Rouler les filets trempés dans
la chapelure en secouant l'excès. Transférer vers la plaque de
cuisson. Répéter avec les autres filets. Laisser au moins 1 cm (½ po)
entre les filets (utiliser 2 plaques au besoin).

Cuire au four environ 18 min, jusqu'à ce que la dinde soit dorée
et perde sa teinte rosée au centre.

Placer la sauce tomate dans un plat pour four à micro-ondes
et couvrir de papier ciré. Cuire à puissance élevée environ 1 min,
jusqu'à ce qu'elle soit chauffée de part en part. Servir avec les filets
comme trempette.

Préparation = 10 min   **Cuisson** = 18 min   **Rendement** = 6 portions

Sauté de dinde et de brocoli, sauce au cheddar

Transformez ce sauté en repas complet en le servant sur un lit de riz brun instantané ou de nouilles. Bien entendu, une salade ne ferait pas de tort!

2 c. à soupe d'huile végétale, en deux parts
4 tranches de bacon précuit
2 sacs (225 g ou ½ lb) de fleurons de brocoli, coupés
  en bouchées
125 ml (½ tasse) d'oignons hachés
60 ml (¼ tasse) d'eau
455 g (1 lb) de filets de poitrine de dinde désossés sans la peau,
  coupés en lanières de la taille d'une bouchée
250 ml (1 tasse) de sauce au fromage cheddar réfrigérée
  ou en bocal

Dans une grande poêle, faire chauffer 1 c. à soupe d'huile à feu moyen-vif. Ajouter le bacon et faire revenir environ 1 min en le tournant, jusqu'à ce qu'il soit croustillant. Réserver sur une assiette couverte de papier essuie-tout. Ajouter le brocoli et les oignons et remuer pour enduire d'huile. Couvrir et cuire 4 min en remuant à l'occasion, jusqu'à ce que le brocoli commence à dorer. Réserver sur une assiette. Ajouter l'eau et gratter les résidus de cuisson. Verser sur le brocoli. Faire chauffer la c. à soupe d'huile restante dans la poêle à feu moyen-vif. Ajouter la dinde et faire revenir environ 2 min en remuant souvent, jusqu'à ce qu'elle soit dorée. Retourner le brocoli, les oignons et les jus de l'assiette à la poêle. Ajouter la sauce et remuer pour mélanger. Laisser mijoter à feu moyen-doux 2 min ou jusqu'à ce que la dinde soit cuite de part en part. Émietter le bacon et parsemer par-dessus.

Préparation = 5 min   **Cuisson** = 10 min   **Rendement** = 4 à 6 portions

Escalopes de dinde, sauce aux tomates et aux câpres

Vous trouverez des escalopes de dinde ultraminces au rayon des viandes de votre épicerie. Vous pouvez utiliser des escalopes de poulet ou de veau dans cette recette. Garnissez de basilic frais haché et de parmesan râpé.

680 g (1 ½ lb) d'escalopes de poitrine de dinde tranchées
sel et poivre noir moulu
125 ml (½ tasse) de farine tout usage
4 c. à soupe de beurre
60 ml (¼ tasse) d'oignons hachés
1 c. à soupe d'ail émincé conservé dans l'huile
¼ c. à café (¼ c. à thé) de flocons de piment fort, broyés
une pincée de filaments de safran, écrasés
125 ml (½ tasse) de vin blanc sec
375 ml (1 ½ tasse) de sauce tomate basilic réfrigérée ou en bocal
2 c. à soupe de câpres égouttées

Assaisonner légèrement les escalopes de dinde. Rouler dans la farine en secouant l'excès.

Faire chauffer 1 ½ c. à soupe de beurre dans une grande poêle à feu moyen-vif. Ajouter la moitié des escalopes de dinde. Cuire environ 2 min par côté, jusqu'à ce qu'elles soient dorées. Réserver sur une assiette. Répéter avec 1 ½ c. à soupe de beurre et les escalopes de dinde restantes. Réserver sur une assiette.

Ajouter la c. à soupe de beurre restant et les oignons. Faire revenir 3 à 4 min, jusqu'à ce qu'ils soient dorés. Ajouter l'ail, les flocons de piment fort et le safran et cuire 1 min. Incorporer le vin en grattant le fond de la poêle et laisser bouillir, jusqu'à réduction d'environ la moitié. Incorporer la sauce, les câpres et le jus de l'assiette de dinde. Réduire le feu à moyen-doux et laisser mijoter doucement 3 à 4 min, jusqu'à ce que le mélange soit chauffé de part en part. Servir la sauce avec la dinde.

Préparation = 2 min   **Cuisson** = 13 min   **Rendement** = 4 à 6 portions

Plats principaux au poisson et aux crustacés

Barbue à la mode du Sud, sauce aux tomates et aux gombos

Le poisson rôti au four a aussi bon goût que celui frit dans l'huile mais sans les dégâts. Choisissez des gombos petits et frais qui garderont leur croquant en cuisant.

BARBUE
6 c. à soupe de beurre fondu, en deux parts
250 ml (1 tasse) de babeurre ou lait
250 ml (1 tasse) de semoule de maïs
1 c. à café (1 c. à thé) de paprika
1 kg (2 lb) de filets de barbue

SAUCE AUX TOMATES ET AUX GOMBOS
2 c. à soupe d'huile végétale
340 g (¾ lb) de petits gombos, coupés en deux ou en trois
250 ml (1 tasse) d'oignons hachés
250 ml (1 tasse) de sauce tomate réfrigérée ou en bocal à l'ail et aux oignons
6 quartiers de citron

BARBUE : Préchauffer le four à 220 °C (425 °F). Arroser une plaque de cuisson à rebords de 3 c. à soupe de beurre. Réserver.

Verser le babeurre ou le lait dans un moule à tarte ou un grand plat peu profond. Sur une feuille de papier ciré, combiner la semoule de maïs et le paprika et mélanger avec une fourchette. Tremper les filets de barbue dans le lait un à la fois. Secouer pour ôter l'excès. Tremper dans la semoule de maïs en tapotant pour la faire adhérer. Placer sur la plaque préparée. Lorsque tous les filets sont panés, arroser des 3 c. à soupe de beurre restant. Cuire au four environ 12 min, jusqu'à ce que les filets soient opaques au centre.

SAUCE : Entre-temps, chauffer l'huile dans une grande poêle à feu moyen-vif. Ajouter les gombos et les oignons. Couvrir et cuire environ 5 min en remuant à l'occasion, jusqu'à ce qu'ils soient dorés. Ajouter la sauce et porter presque au point d'ébullition. Réduire le feu pour garder au chaud. Servir le poisson avec la sauce et garnir de quartiers de citron.

Préparation — 10 min **Cuisson** = 12 min **Rendement** = 4 à 6 portions

Vivaneau rouge des Caraïbes à l'avocat

Tout poisson à chair blanche tel que tilapia, barbue ou aiglefin convient pour ce plat principal léger et goûteux.

60 ml (¼ tasse) d'huile d'olive
1 c. à soupe d'ail émincé conservé dans l'huile
250 ml (1 tasse) de sauce tomate réfrigérée ou en bocal à l'ail et aux oignons
60 ml (¼ tasse) d'eau
1 c. à café (1 c. à thé) de thym séché
½ c. à café (½ c. à thé) de poivre de Cayenne moulu
1 à 1,1 kg (2 à 2 ½ lb) de filets de vivaneau rouge
1 avocat, en tranches
6 quartiers de lime

Dans une grande poêle, faire chauffer l'huile et l'ail à feu doux environ 2 min, jusqu'à ce qu'ils dégagent leur arôme. Ajouter la sauce, l'eau, le thym et le poivre de Cayenne. Augmenter le feu à moyen et porter à ébullition. Placer le poisson dans la poêle et le napper de sauce. Réduire le feu pour laisser mijoter la sauce modérément. Couvrir et cuire environ 8 min, jusqu'à ce que le poisson soit juste un peu moelleux et humide au centre. Retirer soigneusement le poisson et le réserver sur des assiettes. Garnir de quartiers de lime.

Préparation = 3 min   **Cuisson** = 12 min   **Rendement** = 4 à 6 portions

Bar ou achigan grillé au bacon, au pesto rouge et aux câpres

Utilisez le bar pour un meilleur goût. Le bar rayé d'élevage a tendance à avoir un goût plus doux. Vous pouvez également utiliser des filets de coryphène ou de flétan. Il est préférable d'utiliser des filets avec la peau pour servir la peau délicieusement rôtie et croustillante. Utilisez une poêle à toute épreuve pour empêcher que les filets ne collent à la poêle.

4 filets de bar de 200 g (7 oz) chacun d'une épaisseur de 2 cm (¾ po)
60 ml (¼ tasse) de pesto rouge réfrigéré ou en bocal
55 g (2 oz) de pancetta ou bacon, haché
1 c. à soupe de câpres, égouttées
1 citron, coupé en quartiers

Préchauffer le gril du four.

Éponger le poisson avec des essuie-tout et disposer dans un grand plat allant au four ou sur une plaque de cuisson (anti-adhésive de préférence) côté peau vers le bas. Étendre le pesto par-dessus les filets et saupoudrer de bacon et de câpres.

Cuire sous le gril 4 à 5 min à 10 cm (4 po) de l'élément chauffant, jusqu'à ce que le poisson soit juste un peu moelleux et humide dans la partie la plus épaisse lorsqu'on le pique avec une fourchette.

Servir avec des quartiers de citron.

Préparation = 5 min   **Cuisson** = 5 min   **Rendement** = 4 portions

Filets de jeune morue, sauce tomate épicée au prosciutto

La morue jeune pèse environ 1 kg (2 lb). Si vous n'en trouvez pas, utilisez de l'aiglefin. Dans cette recette, le poisson est cuit dans une sauce piquante inspirée de la célèbre sauce tomate de la région basque de l'Espagne.

3 c. à soupe de beurre
500 ml (2 tasses) d'oignons hachés
125 ml (½ tasse) de poivrons rouges rôtis en bocal, égouttés et hachés
2 c. à soupe de prosciutto haché
1 c. à café (1 c. à thé) d'ail émincé conservé dans l'huile
1 c. à soupe de piment ancho en poudre
¼ c. à café (¼ c. à thé) de sucre
250 ml (1 tasse) de sauce tomate réfrigérée ou en bocal à l'ail et aux oignons
680 g (1 ½ lb) de filets de jeune morue
sel et poivre noir moulu

Faire fondre le beurre dans une casserole moyenne à feu moyen. Ajouter les oignons et faire revenir 5 à 7 min, jusqu'à ce qu'ils soient dorés. Ajouter les piments rôtis, le prosciutto, l'ail, le piment ancho en poudre et le sucre. Cuire 2 min. Incorporer la sauce tomate et cuire environ 5 min, jusqu'à ce que les saveurs s'amalgament. Réduire en purée à l'aide d'un mélangeur à main ou dans un robot culinaire ou un mélangeur.

Préchauffer le four à 220 °C (425 °F).

Étendre quelques cuillères à soupe de sauce sur le fond d'un plat de cuisson de 2,5 litres (10 tasses). Assaisonner légèrement le poisson. Disposer les filets dans le plat et napper avec la sauce restante. Couvrir avec un papier d'aluminium et cuire au four 8 à 10 min, jusqu'à ce que le poisson soit juste un peu moelleux et humide au centre. Servir avec le jus de cuisson.

Préparation = 5 min   **Cuisson** = 25 min   **Rendement** = 4 portions

Plie farcie aux épinards, sauce au cheddar et à l'aneth

*L'utilisation d'une sauce au fromage
préparée d'avance à laquelle on ajoute des ingrédients
accélère la préparation de ce plat populaire.
Servez avec du riz aromatisé aux fines herbes.*

**250 ml (1 tasse) de sauce au fromage cheddar réfrigérée
  ou en bocal**
300 ml (1 ¼ tasse) de fromage cheddar fort râpé en filaments
½ c. à café (½ c. à thé) d'aneth séché
1 c. à soupe de beurre
60 ml (¼ tasse) d'oignons hachés, hachés finement
250 ml (1 tasse) de poivrons rouges hachés, hachés finement
2 c. à café (2 c. à thé) d'ail émincé conservé dans l'huile
1 litre (4 tasses) de jeunes pousses d'épinards, lavées
60 ml (¼ tasse) de chapelure assaisonnée
455 g (1 lb) de filets de plie de 1 cm (½ po) d'épaisseur au bout large
sel et poivre noir moulu

Préchauffer le four à 220 °C (425 °F).

Combiner la sauce au fromage, le fromage et l'aneth dans une petite casserole. Faire chauffer à feu moyen, jusqu'à ce que le fromage fonde. Étendre quelques cuillères à soupe du mélange au fond d'un plat de cuisson de 2 litres (8 tasses). Réserver.

Chauffer le beurre dans une grande poêle à feu moyen vif. Ajouter les oignons et les poivrons et faire revenir environ 4 min, jusqu'à ce qu'ils soient ramollis. Ajouter l'ail et cuire 1 min. Incorporer les épinards et cuire 2 à 3 min, jusqu'à ce qu'ils soient flétris et que la plupart du liquide soit évaporé. Incorporer 2 c. à soupe de sauce au fromage et la chapelure. Retirer du feu.

Couper les filets sur la longueur et assaisonner légèrement. Verser 2 c. à soupe du mélange aux épinards près du bout épais de chaque morceau de poisson. Rouler vers le bout mince et attacher avec des cure-dents au besoin. Déposer les rouleaux côté couture vers le bas dans le plat préparé. Verser la sauce au cheddar restante par-dessus. Cuire au four préchauffé 15 min.

Préparation = 5 min   **Cuisson** = 25 min   **Rendement** = 4 portions

Mérou braisé à la puttanesca

Une sauce à la puttanesca fait généralement référence à une sauce tomate additionnée de plein de choses telles que des olives, des câpres et des tomates séchées.

680 g à 1 kg (1 ½ à 2 lb) de filets de mérou sans la peau
sel et poivre noir moulu
60 ml (¼ tasse) de farine tout usage
3 c. à soupe d'huile d'olive
250 ml (1 tasse) d'oignons hachés
1 c. à soupe d'ail émincé conservé dans l'huile
¼ c. à café (¼ c. à thé) de flocons de piment fort, broyés
125 ml (½ tasse) de vin blanc sec
1 c. à café (1 c. à thé) de pâte d'anchois ou 1 gros filet d'anchois, haché finement
75 ml (⅓ tasse) d'olives kalamata dénoyautées
60 ml (¼ tasse) de lanières ou miettes de tomates séchées conservées dans l'huile
1 bocal (738 ml ou 26 oz) de sauce tomate à l'ail et aux oignons

Assaisonner légèrement le poisson. Rouler dans la farine en le tapotant pour enlever l'excès. Faire chauffer l'huile dans une grande poêle à feu moyen-vif. Ajouter le poisson et cuire 2 à 3 min par côté, jusqu'à ce qu'il soit doré de tous côtés. Retirer soigneusement à l'aide d'une spatule et réserver sur une assiette.

Ajouter les oignons à la poêle et faire revenir environ 4 min, jusqu'à ce qu'ils soient dorés. Ajouter l'ail et les flocons de piment fort et cuire 1 min. Ajouter le vin et cuire 3 à 4 min en grattant les résidus de cuisson, jusqu'à réduction du liquide de moitié. Incorporer la pâte d'anchois, les olives et les tomates séchées. Réduire le feu à moyen-doux et incorporer la sauce tomate. Laisser mijoter puis retourner le poisson à la poêle en le nappant de sauce. Couvrir et laisser mijoter doucement 10 à 15 min, jusqu'à ce que le poisson soit juste un peu moelleux et humide au centre lorsqu'on le pique avec une fourchette.

Préparation = 3 min   **Cuisson** = 25 min   **Rendement** = 4 portions

Gratin de pétoncles et de champignons

3 tranches de pain sandwich
60 ml (¼ tasse) de feuilles de persil tassées
5 c. à soupe de beurre fondu
125 ml (½ tasse) de fromage parmesan râpé
sel et poivre noir moulu
125 ml (½ tasse) d'oignons hachés
1 c. à soupe d'ail émincé conservé dans l'huile
280 g (10 oz) de champignons cremini ou blancs tranchés
175 ml (¾ tasse) de vin blanc sec ou vermouth
375 ml (1 ½ tasse) de sauce alfredo réfrigérée ou en bocal
680 g (1 ½ lb) de pétoncles de mer, en quartiers

Émietter le pain et le persil dans un robot culinaire. Pendant que
le moteur est en marche, ajouter 3 c. à soupe de beurre par
l'entonnoir et mélanger. Assaisonner légèrement. Réserver.

Faire fondre les 2 c. à soupe de beurre restant dans une grande
poêle à feu moyen. Ajouter les oignons et faire revenir 2 à 3 min,
jusqu'à tendreté. Ajouter l'ail et les champignons et faire revenir
environ 5 min, jusqu'à ce que les champignons aient rendu presque
tout leur jus. Ajouter le vin et faire bouillir à feu vif 5 min, jusqu'à
réduction du liquide de moitié. Réduire le feu à moyen et incorporer
la sauce alfredo.

Préchauffer le gril. Incorporer les pétoncles dans la poêle en les
nappant de sauce. Laisser mijoter doucement environ 2 min, jusqu'à
ce que les pétoncles soient à peine translucides au centre. Retirer du
feu et verser le mélange dans six ramequins de 85 ml (3 oz), un plat
à gratiner de 1,5 litre (6 tasses) ou un moule à tarte profond de
22,5 cm (9 po). Placer le ou les plats sur une plaque de cuisson
et parsemer du mélange de chapelure. Cuire sous le gril 1 à 2 min
à 10 cm (4 po) de l'élément chauffant, jusqu'à ce que le dessus
soit gratiné.

Préparation = 5 min **Cuisson** = 18 min **Rendement** = 4 à 6 portions

Saumon grillé sur galettes de pommes de terre au pesto

*Du poisson moelleux déposé sur
des galettes croustillantes : voilà une combinaison
irrésistible. Les galettes sont également délicieuses en
elles-mêmes pour accompagner un poulet ou un porc rôti.*

750 ml (3 tasses) de purée de pommes de terre surgelée, dégelée
125 ml (½ tasse) d'oignons hachés, émincés
**5 c. à soupe de pesto au basilic réfrigéré ou en bocal, en
deux parts**
1 œuf battu
½ c. à café (½ c. à thé) de poivre noir moulu
2 c. à soupe d'huile d'olive
**1 kg (2 lb) de filets de saumon sans arêtes et dépouillés, coupés
en six portions égales**

Préchauffer le four à 190 °C (375 °F). Vaporiser une grande plaque
de cuisson d'huile végétale. Réserver.

Dans un bol, combiner les pommes de terre, les oignons,
4 c. à soupe de pesto, l'œuf et le poivre. Façonner en six galettes
ovales d'une épaisseur d'environ 0,5 cm (¼ po). Disposer sur
la plaque préparée et cuire au four environ 15 min, jusqu'à ce
que le tour commence à dorer.

Entre-temps, dans un petit bol, fouetter l'huile avec la c. à soupe
de pesto restant. Retirer la plaque du four. Déposer un filet de
saumon sur chaque galette. Arroser d'huile au pesto. Cuire environ
12 min, jusqu'à ce que la chair soit opaque.

Préparation = 5 min **Cuisson** = 17 min **Rendement** = 6 portions

Saumon poché, sauce aux tomates séchées et au romarin

La plupart des cuisiniers à la maison ne préparent pas leur fond de poisson. Voici une recette rapide à base de jus de myes en bouteille, de bouillon de poulet et de vin. Ce mélange remplace assez bien l'original, surtout lorsqu'il est mélangé à d'autres ingrédients pour créer un liquide de pochage pour le saumon.

2 c. à soupe d'huile d'olive
125 ml (½ tasse) d'oignons hachés
2 c. à café (2 c. à thé) d'ail émincé conservé dans l'huile
125 ml (½ tasse) de vin blanc sec ou vermouth
250 ml (1 tasse) de jus de myes en bouteille
125 ml (½ tasse) de bouillon de poulet à teneur réduite en sodium
250 ml (1 tasse) de sauce marinara réfrigérée ou en bocal
¼ c. à café (¼ c. à thé) de flocons de piment fort, broyés
680 g (1 ½ lb) filets de saumon, coupés en quatre portions
60 ml (¼ tasse) d'olives kalamata dénoyautées
2 c. à soupe de miettes de tomates séchées conservées dans l'huile
1 c. à soupe de câpres égouttées
2 c. à café (2 c. à thé) de romarin frais haché

Préparation = 2 min   **Cuisson** = 35 min   **Rendement** = 4 portions

Faire chauffer l'huile dans une grande poêle profonde à feu moyen-vif. Ajouter les oignons et faire revenir 2 à 3 min, jusqu'à ce qu'ils soient dorés. Ajouter l'ail et cuire 1 min. Ajouter le vin ou le vermouth et laisser mijoter 2 min. Ajouter le jus de myes et le bouillon. Réduire le feu à moyen et laisser mijoter jusqu'à réduction d'environ le tiers.

Incorporer la sauce tomate et les flocons de piment fort et laisser mijoter à feu moyen 5 à 8 min, jusqu'à ce que les saveurs soient amalgamées. Réduire en purée dans un mélangeur ou un robot culinaire. Remettre sur un feu moyen et laisser mijoter. Ajouter le saumon, la peau vers le haut, couvrir et laisser mijoter doucement 5 min. Retourner soigneusement le saumon à l'aide d'une spatule, couvrir et laisser mijoter 5 à 7 min de plus, jusqu'à ce que le saumon soit juste un peu moelleux et humide au centre lorsqu'on le pique avec une fourchette. Réserver le poisson dans des assiettes creuses et couvrir de papier d'aluminium pour le garder au chaud.

Ajouter les olives, les miettes de tomates séchées, les câpres et le romarin dans la poêle. Porter à ébullition à feu vif, puis réduire le feu à moyen et laisser mijoter 5 min. Servir en sauce avec le saumon.

Salade de crevettes rémoulade

*Les pommes de terre précuites sont disponibles
au rayon des légumes de certains supermarchés
et facilitent grandement la préparation de ce plat.
Si vous n'en trouvez pas, vous n'avez qu'à faire cuire
de petites pommes de terre nouvelles au four à micro-ondes
sur une assiette à micro-ondes en une seule couche
environ 5 min à puissance élevée, jusqu'à ce qu'elles
soient tendres lorsqu'on les pique avec une fourchette.*

175 ml (¾ tasse) de sauce alfredo réfrigérée ou en bocal
1 ½ c. à café (1 ½ c. à thé) de moutarde de Dijon ou créole
½ c. à café (½ c. à thé) de poivre noir moulu
680 g (1 ½ lb) crevettes moyennes, décortiquées et cuites
**340 g (¾ lb) de pommes de terre nouvelles précuites, coupées
 en dés**
175 ml (¾ tasse) de céleri haché
1,5 litre (6 tasses) de salades mélangées lavées
**1 botte d'oignons verts, les parties blanches et vert pâle, tranchés
 (75 ml ou ⅓ tasse)**

Dans un bol à salade, combiner la sauce, la moutarde, les câpres
et le poivre. Ajouter les crevettes, les pommes de terre et le céleri.
Mélanger pour enduire les ingrédients. Disposer les salades sur
des assiettes. Verser le mélange à crevettes sur les salades et
garnir d'oignons verts.

Préparation = 6 min   **Rendement** = 4 à 6 portions

Thon en croûte au wasabi, sauce crémeuse aux poivrons rouges

*Le thon à la poêle est facile à préparer à la maison.
Procurez-vous des steaks de thon d'une épaisseur
de 2,5 cm (1 po) de la meilleure qualité. Vous trouverez
le wasabi près des sauces soya au rayon
des produits asiatiques de votre épicerie.*

125 ml (½ tasse) de wasabi
125 ml (½ tasse) d'eau
1 c. à café (1 c. à thé) de sel
2 c. à soupe d'huile d'olive
250 ml (1 tasse) de poivrons rouges rôtis en bocal, égouttés
175 ml (¾ tasse) de sauce alfredo réfrigérée ou en bocal
aux tomates séchées
4 steaks de thon d'environ 200 g (7 oz) chacun et d'une
épaisseur de 2,5 cm (1 po)

Combiner le wasabi, l'eau et le sel dans un petit bol. Laisser reposer
10 min pour dégager les arômes. Ajouter de l'eau, 1 c. à soupe à la
fois, pour faire une sauce coulante. Éponger le thon avec des essuie-
tout et enduire les deux côtés de mélange au wasabi.

Faire chauffer 1 c. à soupe d'huile dans une petite casserole à feu
moyen. Ajouter les poivrons rouges rôtis et cuire 2 min. Incorporer
la sauce alfredo et l'eau et cuire 2 min. Réduire en purée à l'aide
d'un mélangeur à main ou un mélangeur. Réduire le feu à doux et
garder au chaud.

Chauffer la c. à soupe d'huile restante dans une grande poêle
épaisse à feu vif. Ajouter le thon et le saisir environ 3 min par côté,
jusqu'à ce qu'il soit bien doré sur les deux côtés et rouge au centre
(cuisson mi-saignante).

Verser la sauce sur les assiettes et terminer par le thon.

Préparation = 3 min **Cuisson** = 12 min **Rendement** = 4 portions

Croquettes de thon rissolées

Semblables aux croquettes de crabe, les croquettes de thon se marient bien à la sauce tartare. Sinon, vous pouvez préparer une mayonnaise aromatisée en mélangeant 125 ml (½ tasse) de mayonnaise du commerce et 2 c. à soupe de câpres égouttées et hachées, 1 c. à soupe d'huile d'olive et le jus d'un demi-citron.

4 boîtes (170 g ou 6 oz chacune) de thon conservé dans l'eau ou l'huile, égouttées
175 ml (¾ tasse) de sauce alfredo réfrigérée ou en bocal aux tomates séchées
1 œuf
1 oignon vert, émincé
3 c. à soupe de persil frais, haché
1 ½ c. à café (1 ½ c. à thé) de moutarde préparée
½ c. à café (½ c. à thé) de sauce aux piments forts
500 ml (2 tasses) de chapelure assaisonnée
1 citron
125 ml (½ tasse) d'huile végétale

Émietter le poisson dans un bol et y incorporer la sauce alfredo, l'œuf, l'oignon vert, la moutarde, la sauce aux piments forts et 175 ml (¾ tasse) de chapelure. Couper le citron en deux et presser le jus d'une moitié dans le bol. Bien mélanger. Couper le citron restant en quartiers.

Mettre les 300 ml (1 ¼ tasse) de chapelure restante dans un bol peu profond. Façonner le mélange de thon en croquettes de 7,5 cm (3 po) (environ 14). Rouler les croquettes dans la chapelure pour les enduire.

Faire chauffer la moitié de l'huile dans une grande poêle à feu moyen. Lorsque l'huile est chaude, ajouter la moitié des croquettes et cuire des deux côtés, 3 à 4 min par côté, jusqu'à ce qu'elles soient dorées. Répéter avec l'huile et les croquettes restantes.

Servir avec les quartiers de citron.

Préparation = 15 min   **Cuisson** = 8 min   **Rendement** = 6 portions

Palourdes Filipino

La magie culinaire ici consiste à réunir un ensemble d'ingrédients préparés et à les faire mijoter pour créer cette sauce exotique qui convient parfaitement aux petites palourdes sucrées. La sauce peut être préparée à l'avance – on peut même la réfrigérer – et on fait cuire les palourdes dans celle-ci juste avant de servir.

125 ml (½ tasse) d'oignons hachés
2 c. à soupe d'huile végétale
2 c. à café (2 c. à thé) d'ail émincé conservé dans l'huile
1 c. à café (1 c. à thé) de curcuma
1 c. à café (1 c. à thé) de gingembre frais râpé réfrigéré
250 ml (1 tasse) de sauce marinara réfrigérée ou en bocal aux champignons
375 ml (1 ½ tasse) d'eau
60 ml (¼ tasse) de sauce soja, réduite en sodium de préférence
100 palourdes américaines (environ 3,2 kg ou 7 lb)

Dans une grande marmite à feu moyen-doux, combiner les oignons, l'huile, l'ail, le curcuma et le gingembre. Cuire en remuant environ 5 min, jusqu'à tendreté des oignons. Ajouter la sauce tomate, l'eau et la sauce soja. Augmenter le feu à vif et porter le mélange à ébullition. Ajouter les palourdes et remuer. Couvrir et cuire environ 6 min en remuant à l'occasion, jusqu'à ce que les palourdes ouvrent. Servir dans de grands bols avec la sauce.

Préparation = 5 min **Cuisson** = 12 min **Rendement** = 4 à 6 portions

Moules à l'orange et au safran

En préparant ce plat, laissez-vous enivrer par les effluves floraux intoxicants du safran et des agrumes dans votre cuisine. Servez avec des quartiers de citron et du pain croûté pour éponger la sauce irrésistible.

1 c. à soupe d'huile d'olive
125 ml (½ tasse) d'oignons hachés
2 c. à café (2 c. à thé) d'ail émincé conservé dans l'huile
2 oranges
60 ml (¼ tasse) de xérès sec
125 ml (½ tasse) de jus d'orange
175 ml (¾ tasse) de sauce tomate basilic réfrigérée ou en bocal
¼ c. à café (¼ c. à thé) de filaments de safran, broyés
60 ml (¼ tasse) de persil frais, haché
2 kg (4 lb) de moules, brossées et ébarbées
(environ 4 douzaines)

Faire chauffer l'huile dans une grande marmite ou une grande poêle profonde à feu moyen. Lorsque le plat de cuisson est chaud, ajouter les oignons et faire revenir 2 à 3 min, jusqu'à tendreté. Ajouter l'ail et cuire 1 min. Zester une des oranges dans le plat de cuisson. Couper les deux oranges en deux et presser le jus dans le plat de cuisson. Incorporer le xérès, le jus d'orange, la sauce tomate, le safran et le persil. Porter à ébullition à feu vif. Ajouter les moules en les nappant de sauce. Couvrir et laisser bouillir 5 à 7 min en secouant le plat de cuisson de temps à autre, jusqu'à ce que les moules s'ouvrent. Jeter toute coquille fermée. À l'aide d'une cuillère à égoutter, enlever les moules et les réserver dans un bol de service.

À l'aide d'une passoire fine, couler le liquide de cuisson par-dessus les moules.

Préparation = 3 min   **Cuisson** = 12 min   **Rendement** = 4 portions

Huîtres cajun

Lors de l'écaillage des huîtres fraîches,
placez-vous au-dessus d'un bol pour récupérer
le liquide qui tombe des coquilles. Coulez le liquide
dans une passoire pour retirer les morceaux
de coquille cassée. Ce petit repas peut devenir
plus consistant simplement en doublant la recette.

16 grosses huîtres fraîches, écaillées (le liquide d'huître réservé)
250 ml (1 tasse) de sauce alfredo réfrigérée ou en bocal
2 à 3 c. à café (2 à 3 c. à thé) de sauce aux piments forts
2 gros croissants, coupés en deux et évidés
4 c. à café (4 c. à thé) de caviar (facultatif)

Verser 60 ml (¼ tasse) du liquide d'huître réservé dans une grande poêle. Ajouter les huîtres et laisser mijoter environ 30 sec, jusqu'à ce qu'elles soient gonflées. À l'aide d'une cuillère à égoutter, réserver les huîtres sur une assiette et couvrir pour les garder au chaud. Cuire le liquide à feu moyen-vif 2 à 3 min, jusqu'à ce qu'il réduise à 60 ml (¼ tasse). Réduire le feu à moyen-doux et incorporer la sauce alfredo et la sauce aux piments forts. Cuire 1 min, puis retourner les huîtres à la poêle et chauffer de part en part.

Répartir le mélange également dans les croissants. Couronner chacun de 1 c. à café (1 c. à thé) de caviar, le cas échéant.

Préparation = 10 min   **Cuisson** = 5 min   **Rendement** = 4 portions modestes

Steaks de flétan
à la sicilienne

*Les Siciliens sont friands de mélanges
de saveurs prononcées comme l'acidité
du vinaigre balsamique contrastée à la douceur
des oranges et du miel.*

1 petit bulbe de fenouil (environ 225 g ou ¼ lb)
2 c. à soupe d'huile d'olive
375 ml (1 ½ tasse) d'oignons hachés
1 c. à soupe d'ail émincé conservé dans l'huile
1 petite orange
1 c. à soupe de vinaigre balsamique
1 c. à soupe de miel
3 c. à soupe de raisins secs
1 ½ c. à café (1 ½ c. à thé) de menthe fraîche, hachée
   ou ½ c. à café (½ c. à thé) de menthe séchée
500 ml (2 tasses) de sauce marinara réfrigérée ou en bocal
4 steaks de flétan (environ 680 g ou 1 ½ lb au total)
sel et poivre noir moulu

Retrancher et jeter les tiges vert pâle du bulbe de fenouil. Réserver
2 c. à soupe de feuilles plumeuses vert foncé. Couper le bulbe en
quartiers et trancher finement.

Chauffer l'huile dans une grande poêle à feu moyen-vif. Ajouter
les oignons et le fenouil et faire revenir 4 à 6 min, jusqu'à ce que les
oignons soient dorés. Râper le zeste d'une demi-orange dans la
poêle. Couper l'orange en deux et presser tout le jus dans la poêle.
Incorporer le vinaigre balsamique et laisser mijoter environ 2 min,
jusqu'à ce que le liquide réduise quelque peu. Incorporer le miel, les
raisins secs, la menthe et la sauce tomate. Réduire le feu à moyen-
doux et cuire 5 à 8 min, jusqu'à ce que les saveurs s'amalgament.

Préchauffer le four à 220 °C (425 °F).

Étendre quelques cuillères à soupe de sauce au fond d'un plat de
cuisson de 2,5 litres (10 tasses). Assaisonner légèrement le poisson.
Disposer le poisson dans le plat et napper avec la sauce restante.
Cuire au four à découvert environ 15 min, jusqu'à ce que le poisson
soit juste un peu moelleux et humide au centre lorsqu'on
le pique avec une fourchette.

Préparation = 10 min **Cuisson** = 30 min **Rendement** = 4 portions

Plats de pâtes

Salade crémeuse de rotinis au brocoli et aux tomates

Meilleure que la mayonnaise ?
La sauce alfredo dans cette recette
est encore plus riche que la mayonnaise
mais curieusement ne contient qu'un tiers
des calories et un quart du gras.

1 litre (4 tasses) de rotinis secs
1 sac (225 g ou ¼ lb) de fleurons de brocoli, hachés
175 ml (¾ tasse) de sauce alfredo réfrigérée ou en bocal
1 c. à soupe de vinaigre de vin rouge ou blanc
½ c. à café (½ c. à thé) de poivre noir moulu
500 ml (2 tasses) de tomates raisin, coupées en deux
175 ml (¾ tasse) de basilic frais, ciselé
60 ml (¼ tasse) d'oignons rouges, hachés finement
75 ml (⅓ tasse) de pignons rôtis

Cuire les pâtes selon les indications sur l'emballage et ajouter le brocoli 1 min avant d'égoutter. Égoutter les pâtes et le brocoli et bien rincer à l'eau courante froide. Réserver.

Dans un grand bol, combiner la sauce, le vinaigre et le poivre. Fouetter pour amalgamer. Ajouter les tomates, le basilic, les oignons et les rotinis et brocolis réservés. Mélanger et parsemer de noix.

Préparation = 5 min   **Cuisson** = 6 min   **Rendement** = 4 à 6 portions

Cheveux d'ange
aux pétoncles et aux
épinards, sauce à la vodka

*La façon la plus rapide de faire cuire des pâtes
est d'utiliser l'eau chaude du robinet et de couvrir
la marmite pour amener l'eau plus rapidement à ébullition.
Pour faire une garniture toute simple, faites griller
environ 3 c. à soupe de pignons dans la poêle
avant d'ajouter de l'huile. Parsemez les noix grillées
sur les pâtes avec du fromage asiago ou grana padano râpé.*

340 g (¾ lb) de cheveux d'ange
60 ml (¼ tasse) d'huile d'olive
455 g (1 lb) de petits pétoncles
sel et poivre noir moulu
125 ml (½ tasse) d'oignons hachés
1 c. à soupe d'ail émincé conservé dans l'huile
125 ml (½ tasse) de vin blanc sec ou vermouth
375 ml (1 ½ tasse) de sauce tomate réfrigérée ou en bocal
   à la crème et à la vodka
170 g (6 oz) de jeunes pousses d'épinards, lavées

Cuire les pâtes selon les indications sur l'emballage.

Chauffer 2 c. à soupe d'huile dans une grande poêle à feu
moyen-vif. Assaisonner légèrement les pétoncles, puis les ajouter à
la poêle chaude. Faire revenir 1 à 2 min par côté, jusqu'à ce qu'ils
soient dorés des deux côtés. Réserver sur une assiette.

Préparation = 2 min   **Cuisson** = 13 min   **Rendement** = 4 portions

Chauffer une autre c. à soupe d'huile dans la poêle et ajouter les oignons. Faire revenir 2 à 3 min, jusqu'à ce qu'ils soient dorés. Ajouter l'ail et cuire 1 min. Ajouter le vin ou le vermouth et cuire environ 2 min, jusqu'à ce que le liquide soit légèrement réduit. Incorporer la sauce à la vodka et réduire le feu à moyen-doux. Retourner les pétoncles à la poêle avec les épinards. Cuire environ 1 min, jusqu'à ce que les pétoncles soient à peine translucides au centre et les épinards flétris.

Égoutter les pâtes et mélanger avec la c. à soupe d'huile restante. Mettre dans des assiettes et garnir du mélange de tomates et de pétoncles.

Spaghettis au pesto, aux asperges et aux crevettes

*Ce plat rafraîchissant et léger est idéal
pour un souper de printemps.
Servez avec des quartiers de citron.*

340 g (¾ lb) de spaghettis ou autres pâtes fines
**225 g (½ lb) d'asperges, parées et coupées en longueurs
de 4 cm (1 ½ po)**
**455 g (1 lb) de crevettes moyennes, déveinées et dégelées
au besoin**
sel et poivre noir moulu
1 citron
125 ml (½ tasse) de pesto au basilic réfrigéré ou en bocal
60 ml (¼ tasse) d'huile d'olive
1 c. à soupe d'ail émincé conservé dans l'huile

Cuire les pâtes selon les indications de l'emballage.

Entre-temps, assaisonner légèrement les asperges et les crevettes. Râper le zeste de citron au-dessus des asperges et des crevettes. Couper le citron en deux et presser le jus dans un bol. Incorporer le pesto et 3 c. à soupe d'huile d'olive.

Chauffer la c. à soupe d'huile restante dans une grande poêle à feu moyen-vif. Ajouter les asperges et cuire 2 min. Ajouter les crevettes et l'ail et cuire 2 min de plus, jusqu'à ce que les crevettes aient une teinte rose clair et les asperges soient mi-croquantes mi-tendres.

Égoutter les pâtes et mélanger avec le pesto dans la marmite à pâtes. Mettre les pâtes dans les assiettes et verser les asperges et les crevettes par-dessus.

Préparation = 3 min   **Cuisson** = 12 min   **Rendement** = 4 portions

Linguine aux noix
et au fromage bleu

*La sauce alfredo, les noix et
le fromage gorgonzola
créent une sauce onctueuse et riche pour
les linguine ou fettuccine. Servez avec une salade verte.*

340 g (¾ lb) de linguine ou fettuccine
2 c. à soupe d'huile d'olive extra-vierge
175 ml (¾ tasse) de noix hachées
1 c. à soupe d'ail émincé conservé dans l'huile
300 ml (1 ¼ tasse) de sauce alfredo réfrigérée ou en bocal
125 ml (½ tasse) de lait
60 ml (¼ tasse) de persil frais, haché
60 ml (¼ tasse) de gorgonzola ou autre fromage crémeux,
  émietté

Cuire les pâtes selon les indications de l'emballage.
  Entre temps, chauffer l'huile dans une grande poêle à feu moyen.
Ajouter les noix et l'ail et cuire 4 à 6 min sans les brûler, jusqu'à ce
qu'ils dégagent un arôme. Réduire le feu à moyen-doux et incorporer
la sauce alfredo, 125 ml (½ tasse) de lait et 3 c. à soupe de persil.
Cuire 2 min, jusqu'à ce que le mélange soit chauffé de part en part.
Ajouter plus de lait au besoin pour délayer la sauce. Égoutter
les pâtes et ajouter à la sauce en remuant pour bien les enrober.
Mettre dans des assiettes et saupoudrer de gorgonzola. Garnir avec
la c. à soupe de persil restant.

Préparation = 5 min **Cuisson** = 8 min **Rendement** = 4 portions

Nouilles thaïlandaises aux crevettes

Avec une sauce marinara préparée comme ingrédient de base, ce sauté aux nouilles exotiques est vite fait. On peut remplacer les crevettes par des lanières de poulet ou de porc.

340 g (¾ lb) de nouilles au riz plates thaïlandaises
250 ml (1 tasse) de sauce marinara réfrigérée ou en bocal
60 ml (¼ tasse) de sauce au poisson asiatique ou sauce soja
2 c. à soupe de cassonade
3 c. à soupe d'huile d'olive
455 g (1 lb) de crevettes moyennes, décortiquées, déveinées et dégelées au besoin
3 c. à café (3 c. à thé) d'ail émincé conservé dans l'huile
2 œufs battus
250 ml (1 tasse) de coriandre fraîche
60 ml (¼ tasse) d'arachides grillées à sec
1 lime, coupée en quartiers
sauce aux piments forts asiatique

Faire tremper les nouilles selon les indications de l'emballage. Dans un bol, fouetter la sauce marinara, la sauce au poisson ou soja et la cassonade. Réserver.

Dans un wok ou grande poêle, chauffer 1 c. à soupe d'huile à feu vif. Ajouter les crevettes et 1 c. à café (1 c. à thé) d'ail. Faire revenir environ 2 min en remuant, jusqu'à ce qu'elles soient opaques. Réserver dans une assiette.

Ajouter les 2 c. à soupe d'huile restante dans le wok ou la poêle à feu vif. Égoutter les nouilles et ajouter à la poêle avec les 2 c. à café (2 c. à thé) d'ail restant. Mélanger environ 1 min pour bien enduire d'huile. Ajouter le mélange à sauce réservé et mélanger 1 min pour la réchauffer. Ajouter les œufs. Mélanger 2 min ou jusqu'à épaississement de la sauce. Ajouter les crevettes et mélanger pour les réchauffer.

Garnir de coriandre et d'arachides. Servir avec la lime et la sauce aux piments forts.

Préparation = 12 min   **Cuisson** = 8 min   **Rendement** = 4 à 6 portions

Linguine à la saucisse et à la roquette

*Certains soirs exigent la préparation
de pâtes ultra-rapides. Transformez vos
linguine ordinaires en un plat raffiné en les
rehaussant de sauce tomate à la vodka,
de roquette fraîche et de saucisses italiennes.*

225 g (½ lb) de saucisses italiennes en vrac
340 g (¾ lb) de linguine ou spaghettis
1,5 litre (6 tasses) de jeunes pousses de roquette
250 ml (1 tasse) de sauce tomate réfrigérée ou en bocal à
la crème et à la vodka
3 c. à soupe de basilic frais, haché (facultatif)

Jeter la saucisse en morceaux dans une grande poêle froide à feu
moyen. Ajouter environ 2 c. à soupe d'eau à la poêle. Faire revenir
environ 7 min en tournant à l'occasion avec une spatule, jusqu'à
ce que la saucisse soit dorée.

Entre-temps, cuire les pâtes selon les indications de l'emballage.

Ajouter la roquette à la saucisse dans la poêle. Faire revenir
environ 2 min en remuant, jusqu'à ce que la roquette soit flétrie.
Ajouter la sauce et garder au chaud à feu doux.

Égoutter les linguine. Ajouter à la poêle et mélanger pour enduire
de sauce. Garnir de basilic le cas échéant.

Préparation = 3 min **Cuisson** = 12 min **Rendement** = 4 à 6 portions

Coquilles aux lentilles et au rapini

Pour parer le rapini, retranchez les bouts fibreux et durs et retirez les feuilles jaunies et flétries.

175 ml (¾ tasse) de lentilles brunes, triées et rincées
375 ml (1 ½ tasse) de bouillon de poulet à teneur réduite
  en sodium
340 g (¾ lb) de coquilles moyennes
2 c. à soupe d'huile d'olive
500 ml (2 tasses) d'oignons hachés
225 g (½ lb) de champignons cremini ou blancs tranchés
1 c. à soupe d'ail émincé conservé dans l'huile
1 c. à café (1 c. à thé) de romarin séché, broyé
⅛ à ¼ c. à café (⅛ à ¼ c. à thé) de flocons de piment fort, broyés
60 ml (¼ tasse) de vin rouge sec ou bouillon de poulet
340 g (¾ lb) de rapini, paré et coupé en longueurs de 5 cm (2 po)
500 ml (2 tasses) de sauce marinara réfrigérée ou en bocal
  au vin rouge
60 ml (¼ tasse) de fromage parmesan râpé

Mettre les lentilles et le bouillon dans une casserole moyenne. Couvrir et porter à ébullition à feu vif. Réduire le feu à moyen-doux et laisser mijoter environ 15 min, jusqu'à tendreté.

Entre-temps, cuire les pâtes selon les indications de l'emballage.

Chauffer l'huile dans une grande poêle à feu moyen-vif. Ajouter les oignons et faire revenir environ 4 min, jusqu'à ce qu'ils soient dorés. Ajouter les champignons, l'ail, le romarin et les flocons. Cuire environ 5 min, jusqu'à ce que les champignons commencent à rendre leur jus. Ajouter le vin ou le bouillon de poulet et le rapini. Laisser mijoter en grattant le fond de la poêle 2 à 3 min, jusqu'à ce que le liquide soit presque tout évaporé. Ajouter la sauce marinara et réduire le feu à moyen-doux. Cuire environ 5 min, jusqu'à ce que les saveurs soient amalgamées et le rapini mi-croquant mi-tendre. Incorporer les lentilles et leur liquide de cuisson.

Égoutter les pâtes et ajouter à la sauce en mélangeant bien. Mettre dans des assiettes à pâtes et garnir de parmesan.

Préparation = 8 min **Cuisson** = 20 min **Rendement** = 4 à 6 portions

---

Fettuccine primavera thaïlandais

Vous trouverez la base de cari rouge thaïlandais en gros formats au rayon international ou asiatique de votre épicerie.

455 g (1 lb) de fettuccine
2 c. à soupe d'huile d'olive
500 ml (2 tasses) de fleurons de brocoli
250 ml (1 tasse) d'oignons hachés
375 ml (1 ½ tasse) de poivrons tranchés (rouges et jaunes)
1 c. à soupe de gingembre frais râpé en bocal
1 c. à soupe d'ail émincé conservé dans l'huile
1 boîte (398 ml ou 14 oz) de lait de coco
250 ml (1 tasse) de sauce alfredo réfrigérée ou en bocal
2 c. à soupe de base de cari rouge thaïlandais
1 c. à soupe de cassonade
60 ml (¼ tasse) d'arachides, hachées
60 ml (¼ tasse) coriandre ou basilic frais, haché
1 lime coupée en petits quartiers

Cuire les pâtes selon les indications de l'emballage.

Entre-temps, faire chauffer l'huile dans une grande poêle profonde à feu moyen-vif. Ajouter le brocoli et cuire 1 à 2 min. Ajouter les oignons et cuire 1 min de plus. Ajouter les poivrons, le gingembre et l'ail et cuire 1 à 2 min de plus, jusqu'à ce que les légumes soient mi-croquants mi-tendres. Réserver sur une assiette et couvrir pour garder au chaud.

Ajouter le lait de coco, la sauce alfredo, la base de cari rouge et la cassonade à la poêle. Porter à ébullition en fouettant ou remuant pour bien mélanger, puis réduire le feu à moyen et laisser mijoter 3 à 5 min.

Égoutter les pâtes et mélanger avec environ 175 ml (¾ tasse) de sauce au cari. Retourner les légumes dans la sauce restante.

Mettre les pâtes dans des assiettes et garnir de légumes et de sauce. Parsemer d'arachides et de coriandre ou basilic. Servir avec les quartiers de lime.

Préparation = 3 min   **Cuisson** = 12 min   **Rendement** = 4 portions

Orecchiette à la pancetta et aux petits pois

Les orecchiette («petites oreilles») ont de petites cavités qui recueillent parfaitement les pois et les miettes de bacon de ce plat. Si vous n'avez pas d'orecchiette, utilisez de petites coquilles ou des pâtes longues et fines telles que les spaghettis ou les linguine. Garnir de persil frais haché si désiré.

340 g (¾ lb) d'orecchiette ou petites coquilles
115 g (¼ lb) de pancetta ou bacon épais (3 à 4 tranches),
  tranché finement
⅛ c. à café (⅛ c. à thé) de filaments de safran, écrasés (facultatif)
300 ml (1 ¼ tasse) de sauce alfredo réfrigérée ou en bocal
125 ml (½ tasse) de petits pois surgelés, dégelés

Cuire les pâtes selon les indications de l'emballage.

Entre-temps, mettre la pancetta ou le bacon et le safran (le cas échéant) dans une poêle moyenne à feu moyen. Cuire environ 5 min, jusqu'à ce que le bacon soit croustillant.

Réduire le feu à moyen-doux et ajouter la sauce alfredo et les petits pois. Cuire 3 à 4 min, jusqu'à ce que le mélange soit chauffé de part en part. Égoutter les pâtes et mélanger avec 125 ml (½ tasse) de sauce. Mettre dans des assiettes à pâtes et verser la sauce restante par-dessus.

Préparation = 3 min **Cuisson** = 12 min **Rendement** = 4 à 6 portions

Penne à la ricotta et au brocolini

Le brocolini est une sorte de brocoli hybride aminci que l'on trouve de plus en plus au rayon des légumes à l'épicerie. Si vous n'en trouvez pas, utilisez des fleurons de brocoli ou des asperges. Le basilic frais haché est la garniture idéale pour ce plat.

455 g (1 lb) de penne ou autres pâtes courtes

2 c. à soupe d'huile d'olive

680 g (1 ½ lb) de brocolini, paré et coupé en longueur de 4 cm (1 ½ po)

2 c. à café (2 c. à thé) de pâte d'anchois ou 4 filets d'anchois pilés

2 c. à café (2 c. à thé) d'ail émincé conservé dans l'huile

½ c. à café (½ c. à thé) de flocons de piment fort, broyés

250 ml (1 tasse) de fromage ricotta

250 ml (1 tasse) de sauce alfredo réfrigérée ou en bocal

175 ml (¾ tasse) de lait

Cuire les pâtes selon les indications de l'emballage.

Entre-temps, faire chauffer l'huile dans une grande poêle à feu moyen-vif. Ajouter le brocolini, couvrir et cuire 3 min en remuant la poêle à une ou deux reprises. Découvrir et ajouter la pâte d'anchois, l'ail et les flocons de piment fort. Cuire 1 min. Réduire le feu à moyen et incorporer la ricotta, la sauce alfredo et le lait. Bien mélanger et cuire 3 à 4 min, jusqu'à ce que le mélange soit chauffé de part en part et le brocolini soit mi-croquant mi-tendre.

Égoutter les pâtes et mélanger avec la sauce.

Préparation = 2 min   **Cuisson** = 12 min   **Rendement** = 6 portions

Penne épicées
aux crevettes

*Si vous avez horreur de trancher des légumes,
voici la solution pour vous. En utilisant
des légumes préparés et du bacon précuit,
vous réduirez le temps de préparation et
de cuisson au minimum. Garnissez de parmesan râpé.*

340 g (¾ lb) de penne ou autres pâtes courtes
1 c. à soupe d'huile d'olive
6 tranches de bacon précuit (43 g ou 1 ½ oz)
250 ml (1 tasse) d'oignons hachés
1 c. à soupe d'ail émincé conservé dans l'huile
¼ c. à café (¼ c. à thé) de flocons de piment fort, broyés
125 ml (½ tasse) de vin blanc sec
455 g (1 lb) de crevettes moyennes, décortiquées et déveinées,
 dégelées au besoin
375 ml (1 ½ tasse) de sauce tomate réfrigérée ou en bocal à l'ail
 et aux oignons

Cuire les pâtes selon les indications de l'emballage.

Entre-temps, faire chauffer l'huile dans une grande poêle à feu
moyen. Ajouter le bacon et cuire environ 2 min, jusqu'à ce qu'il
grésille. Réserver sur une assiette tapissée de papier essuie-tout.

Augmenter le feu à moyen-vif et ajouter les oignons à la poêle.
Faire revenir environ 4 min, jusqu'à ce qu'ils soient dorés. Ajouter l'ail
et les flocons de piment fort et cuire 1 min. Ajouter le vin et les
crevettes et laisser mijoter 1 à 2 min, jusqu'à ce que les crevettes
commencent à rosir.

Égoutter les pâtes et mélanger avec 175 ml (¾ tasse) de sauce.
Mettre dans des assiettes à pâtes et garnir de crevettes et de la
sauce restante. Émietter le bacon au-dessus de chaque assiette.

Préparation = 2 min   **Cuisson** = 13 min   **Rendement** = 4 portions

Farfalle au poulet et aux champignons

Le poulet, les champignons et la sauce alfredo font une combinaison des plus réconfortantes. Un peu de thym et de vin blanc rehaussent la saveur de ce plat.

340 g (¾ lb) de farfalle
455 g (1 lb) de filets de poitrine de poulet, les tendons blancs enlevés, coupés en lanières de 5 cm (2 po)
sel et poivre
2 c. à soupe d'huile d'olive
455 g (1 lb) de champignons cremini ou blancs tranchés
1 c. à soupe d'ail émincé conservé dans l'huile
1 c. à café (1 c. à thé) de thym séché
125 ml (½ tasse) de vin blanc sec ou xérès
375 ml (1 ½ tasse) de sauce alfredo réfrigérée ou en bocal
60 ml (¼ tasse) de persil frais, haché

Cuire les pâtes selon les indications de l'emballage.

Entre-temps, assaisonner légèrement le poulet. Faire chauffer l'huile dans une grande poêle à feu moyen-vif. Ajouter le poulet et cuire environ 5 min en tournant à une ou deux reprises, jusqu'à ce qu'il perde sa teinte rosée. Réserver sur une assiette et couvrir pour garder au chaud.

Ajouter les champignons, l'ail et le thym à la poêle. Faire revenir environ 5 min, jusqu'à ce que les champignons rendent leur jus. Ajouter le vin et laisser mijoter 3 à 4 min en grattant le fond de la poêle, jusqu'à évaporation presque complète du liquide.

Réduire le feu à doux et ajouter la sauce alfredo et 2 c. à soupe de persil. Retourner le poulet à la poêle et chauffer 2 à 3 min de part en part.

Égoutter les pâtes et mélanger avec 125 ml (½ tasse) de sauce pour humecter. Mettre dans des assiettes à pâtes et verser la sauce par-dessus. Parsemer le persil restant.

Préparation = 10 min   **Cuisson** = 15 min   **Rendement** = 4 portions

Zitis aux haricots verts et au bacon

Le bacon émietté et le fromage provolone ajoutent des saveurs en profondeur à ce plat de pâtes tout simple. On peut remplacer les zitis par des penne ou des rotinis.

1 litre (4 tasses) de zitis séchés

1 sac (225 g ou ½ lb) de haricots verts préparés, coupés en morceaux de 1 cm (½ po)

1 c. à soupe d'huile d'olive

6 tranches (43 g ou 1 ½ oz) de bacon précuit

175 ml (¾ tasse) d'oignons hachés

2 c. à café (2 c. à thé) d'ail éminé conservé dans l'huile

250 ml (1 tasse) de sauce tomate réfrigérée ou en bocal aux quatre fromages

175 ml (¾ tasse) de fromage provolone râpé

Cuire les pâtes selon les indications de l'emballage en y incorporant en même temps les haricots verts.

Entre-temps, faire chauffer l'huile dans une grande poêle à feu moyen. Ajouter le bacon et cuire environ 2 min, jusqu'à ce qu'il grésille. Réserver le bacon sur une assiette tapissée de papier essuie-tout. Ajouter les oignons et l'ail à la poêle. Faire revenir environ 5 min en remuant, jusqu'à ce qu'ils soient dorés. Ajouter la sauce. Laisser mijoter doucement pour garder au chaud.

Avant d'égoutter les zitis, réserver 125 ml (½ tasse) de liquide de cuisson. Égoutter les zitis et les haricots. Retourner dans la marmite. Ajouter la sauce et mélanger pour enduire les pâtes. Ajouter un peu du liquide réservé si la sauce est trop épaisse. Ajouter le fromage et mélanger pour le faire fondre. Émietter le bacon par-dessus les pâtes.

Préparation = 3 min **Cuisson** = 12 min **Rendement** = 4 à 6 portions

Gnocchis au pesto, à la crème et au gorgonzola

*Qui prétendra qu'une sauce ultra-riche
est impossible à faire en moins de 15 minutes?
Les tomates raisin dans cette recette ajoutent
une touche de fraîcheur et de légèreté.*

340 g (¾ lb) de gnocchis réfrigérés ou surgelés
250 ml (1 tasse) de sauce alfredo réfrigérée ou en bocal
60 ml (¼ tasse) de pesto au basilic réfrigéré ou en bocal
250 ml (1 tasse) de tomates raisin, coupées sur la longueur
75 ml (⅓ tasse) de fromage gorgonzola, émietté

Cuire les gnocchis selon les indications de l'emballage.

Entre-temps, combiner la sauce alfredo et le pesto dans une casserole moyenne à feu moyen-doux. Cuire environ 2 min, jusqu'à ce que le mélange soit chauffé de part en part. Incorporer les tomates raisin coupées en deux.

Égoutter les gnocchis et mélanger avec la sauce. Mettre dans des assiettes à pâtes et garnir de gorgonzola.

Préparation = 2 min   **Cuisson** = 13 min   **Rendement** = 4 portions

Agnolottis
aux épinards

*Ces petites demi-lunes farcies de fromage
ou de poulet se trouvent dans le rayon
des pâtes réfrigérées ou surgelées de votre épicerie.
Sinon, vous pouvez utiliser de petits raviolis.*

1 paquet d'agnolottis réfrigérés au fromage ou au poulet
2 c. à soupe d'huile d'olive
250 ml (1 tasse) d'oignons tranchés
1 c. à soupe d'ail émincé conservé dans l'huile
455 g (1 lb) de feuilles d'épinards lavées
sel et poivre
300 ml (1 ¼ tasse) de sauce alfredo réfrigérée ou en bocal
⅛ c. à café (⅛ c. à thé) de muscade moulue
250 ml (1 tasse) de tomates raisin, coupées en deux

Cuire les pâtes selon les indications de l'emballage.

Entre-temps, faire chauffer 1 c. à soupe d'huile dans une grande poêle profonde à feu moyen-vif. Ajouter les oignons et faire revenir environ 4 min, jusqu'à ce qu'ils soient dorés. Ajouter 1 c. à café (1 c. à thé) d'ail et cuire 1 min. Ajouter les épinards et la muscade et cuire 3 à 4 min, jusqu'à ce que les feuilles soient flétries. Assaisonner légèrement, puis verser le mélange dans un robot culinaire ou un mélangeur en grattant. Ajouter la sauce alfredo et réduire en une purée lisse. Retourner le mélange à la poêle et garder au chaud à feu doux.

Faire chauffer la c. à soupe d'huile restante dans une petite poêle à feu moyen. Ajouter les 2 c. à café (2 c. à thé) d'ail restant et cuire 1 min. Ajouter les tomates raisin et cuire 1 à 2 min, jusqu'à ce qu'elles soient chauffées de part en part. Assaisonner légèrement.

Égoutter les pâtes et mélanger délicatement avec environ 125 ml (½ tasse) de sauce. Mettre dans des assiettes à pâtes et garnir de la sauce restante.

Préparation = 3 min   **Cuisson** = 12 min   **Rendement** = 4 à 6 portions

Polenta aux pois chiches safranés

Vous trouverez de la polenta en tube dans le rayon des légumes réfrigérés près des contenants de tofu. Utilisez de la polenta parfumée aux tomates séchées et à l'ail si vous en trouvez. Le produit traditionnel convient également. Comme pour la plupart des plats de pâtes, vous pouvez garnir la polenta de fromage parmesan râpé.

3 c. à soupe d'huile d'olive
6 tranches de bacon précuit (43 g ou 1 ½ oz)
375 ml (1 ½ tasse) d'oignons hachés
115 g (¼ lb) de champignons cremini ou blancs tranchés
1 c. à soupe d'ail émincé conservé dans l'huile
½ c. à café (½ c. à thé) de thym séché
⅛ c. à café (⅛ c. à thé) de filaments de safran, broyés
⅛ à ¼ c. à café (⅛ à ¼ c. à thé) de flocons de piment fort, broyés
60 ml (¼ tasse) de vin blanc sec ou xérès
175 ml (¾ tasse) de pois chiches cuits ou en conserve, égouttés
300 ml (1 ¼ tasse) de sauce marinara réfrigérée ou en bocal
455 g (1 lb) de polenta préparée, coupée en rondelles de 1 cm (½ po)

Faire chauffer 1 c. à soupe d'huile dans une grande poêle à feu moyen. Ajouter le bacon et cuire environ 2 min, jusqu'à ce qu'il grésille. Réserver sur une assiette tapissée de papier essuie-tout.

Préparation = 2 min   **Cuisson** = 20 min   **Rendement** = 4 portions

Ajouter 1 c. à soupe d'huile et augmenter le feu à moyen-vif. Ajouter les oignons et faire revenir environ 4 min, jusqu'à ce qu'ils soient dorés. Ajouter les champignons, l'ail, le thym, le safran et les flocons de piment fort. Cuire 3 à 5 min, jusqu'à ce que les champignons commencent à rendre leur jus. Ajouter le vin ou xérès et cuire 3 à 4 min en grattant le fond de la poêle, jusqu'à évaporation presque complète du liquide. Ajouter les pois chiches et la sauce marinara et réduire le feu à moyen-doux. Cuire environ 5 min, jusqu'à ce que les saveurs soient amalgamées.

Entre-temps, préchauffer le gril du four. Placer les rondelles de polenta sur une plaque de cuisson et badigeonner de tous côtés de la c. à soupe d'huile d'olive restante. Cuire sous le gril 3 à 5 min par côté à 10 cm (4 po) de l'élément chauffant en les tournant avec une spatule, jusqu'à ce que les deux côtés soient légèrement dorés.

Disposer les rondelles de polenta sur des assiettes à pâtes et verser la sauce par-dessus. Émietter le bacon par-dessus.

Tortellinis, sauce aux morceaux de légumes

La plupart des supermarchés vendent des tortellinis réfrigérés qui ont tendance à avoir meilleur goût que les variantes surgelées ou sèches. Si vous êtes pressé, les tortellinis surgelés conviennent parfaitement. Pour ajouter un peu de piquant, saupoudrez-les de flocons de piment fort à la table.

3 c. à soupe d'huile d'olive, extra-vierge de préférence

500 ml (2 tasses) de courgettes, coupées en bouchées

500 ml (2 tasses) d'oignons hachés

500 ml (2 tasses) de poivrons tricolores hachés

1 paquet (560 g ou 1 ¼ lb) de tortellinis réfrigérés au fromage ou aux légumes

250 ml (1 tasse) de sauce tomate réfrigérée ou en bocal aux morceaux de légumes

125 ml (½ tasse) de fromage parmesan, romano et asiago râpé

Faire chauffer l'huile dans une grande poêle à feu vif. Ajouter les courgettes, les oignons et les poivrons. Faire revenir environ 8 min en remuant souvent, jusqu'à ce que les légumes soient dorés. Réduire le feu légèrement si les légumes brunissent trop rapidement.

Entre-temps, cuire les tortellinis selon les indications de l'emballage. Réserver 175 ml (¾ tasse) du liquide de cuisson juste avant d'égoutter. Égoutter les tortellinis et ajouter à la poêle. Réduire le feu à moyen-doux. Ajouter environ 60 ml (¼ tasse) de l'eau réservée en grattant les résidus de cuisson. Ajouter la sauce et laisser mijoter environ 2 min, jusqu'à ce que le mélange soit chaud. Incorporer le fromage. Ajouter plus d'eau réservée au besoin pour délayer la sauce.

Préparation = 6 min   **Cuisson** = 14 min   **Rendement** = 4 à 6 portions

Pirogui, sauce tomate à la vodka, au raifort et à l'aneth

Les petits pâtés polonais appelés pirogui sont rapides à préparer les soirs de semaine. Mettez le bocal de raifort sur la table pour ceux qui préfèrent les mets plus relevés.

2 c. à soupe de beurre
250 ml (1 tasse) d'oignons hachés
375 ml (1 ½ tasse) de sauce tomate réfrigérée
  ou en bocal à la vodka
60 ml (¼ tasse) d'aneth frais, émincé
2 c. à soupe de raifort préparé en bocal
1 kg (2 lb) de pirogui frais ou surgelés au fromage et
  aux pommes de terre (24 pirogui)
poivre noir moulu

Faire fondre le beurre dans une grande poêle à feu moyen. Ajouter les oignons. Faire revenir environ 5 min en remuant, jusqu'à ce qu'ils soient dorés. Ajouter la sauce, l'aneth et le raifort. Réserver à feu doux.

Entre-temps, cuire les pirogui selon les indications de l'emballage. Égoutter et transférer à la poêle. Remuer pour enduire également. Assaisonner au goût avec le poivre.

Préparation = 2 min   **Cuisson** = 10 min   **Rendement** = 4 à 6 portions

Raviolis, sauce crémeuse aux poivrons rouges rôtis

*La sauce alfredo et les poivrons rouges
rôtis ensemble font une sauce divine
pour les raviolis. Utilisez des pâtes surgelées
si vous n'en trouvez pas des réfrigérées.*

1 paquet de raviolis réfrigérés à la viande ou au fromage
   (560 g ou 1 ¼ lb)
1 c. à soupe d'huile d'olive
175 ml (¾ tasse) d'oignons hachés
2 c. à café (2 c. à thé) d'ail émincé conservé dans l'huile
1 bocal (355 ml ou 12 oz) de poivrons rouges rôtis, égouttés
125 ml (½ tasse) de bouillon de légumes ou eau
250 ml (1 tasse) de sauce alfredo réfrigérée ou en bocal aux
   tomates séchées
60 ml (¼ tasse) de basilic frais, haché

Cuire les pâtes selon les indications sur l'emballage.

Entre-temps, faire chauffer l'huile dans une grande poêle à feu
moyen. Ajouter les oignons et faire revenir environ 4 min, jusqu'à ce
qu'ils soient dorés. Ajouter l'ail et cuire 1 min. Ajouter les poivrons
rouges rôtis et le bouillon et réduire le feu à moyen. Laisser mijoter
2 min. Transférer dans un robot culinaire ou un mélangeur et ajouter
la sauce alfredo. Réduire en une purée lisse. Retourner à la poêle et
garder au chaud à feu doux.

Égoutter les pâtes et mélanger délicatement avec environ 125 ml
(½ tasse) de la sauce. Mettre sur des assiettes à pâtes et garnir de
la sauce restante. Parsemer de basilic.

Préparation = 3 min **Cuisson** = 12 min **Rendement** = 4 à 6 portions

Lasagnes faciles

*Des nouilles à lasagne sans cuisson et de
la sauce tomate préparée rendent cette lasagne
ultra-facile à préparer. Disposez les nouilles
sur la largeur et imbibez-les complètement
de sauce ou de fromage.*

455 g (1 lb) de bœuf haché
1 litre (4 tasses) de sauce tomate basilic réfrigérée ou en bocal
1 litre (4 tasses) de fromage ricotta
500 ml (2 tasses) de fromage mozzarella râpé en filaments
250 ml (1 tasse) de fromage parmesan râpé
2 gros œufs
1 c. à soupe de persil frais, haché
1 c. à café (1 c. à thé) de sel
¼ c. à café (¼ c. à thé) de poivre noir moulu
12 nouilles à lasagne sans cuisson

Faire revenir le bœuf dans une grande poêle à feu moyen 5 min en
le défaisant à la cuillère jusqu'à ce qu'il soit cuit. Égoutter tout le gras
sauf 1 c. à soupe. Incorporer la sauce et laisser mijoter à feu moyen
5 min.

Préchauffer le four à 180 °C (350 °F).

Dans un grand bol, combiner la ricotta, 250 ml (1 tasse) de
mozzarella, 175 ml (¾ tasse) de parmesan, les œufs, le persil, le sel et
le poivre. Étendre une couche de sauce au fond d'un plat de cuisson
de 32,5 x 22,5 cm (13 x 9 po). Disposer 3 nouilles sur la largeur
par-dessus la sauce en laissant un peu d'espace entre elles. Étendre
un tiers du mélange de fromage par-dessus les nouilles. Verser un
quart de la sauce par-dessus le fromage. Répéter les couches de
nouilles, fromage et sauce pour parvenir à 4 couches de nouilles.
Garnir la dernière couche de nouilles avec la sauce restante, 250 ml
(1 tasse) de mozzarella et 60 ml (¼ tasse) de parmesan. Couvrir
avec un papier d'aluminium et cuire au four 30 min. Enlever le papier
d'aluminium et cuire 10 min de plus, jusqu'à ce que le plat soit
légèrement gratiné. Laisser reposer 10 min.

Préparation = 15 min   **Cuisson** = 50 min + 10 min de temps de repos
Rendement = 8 portions

Lasagnes bolognaises

*La préparation de lasagnes bolognaises
typiquement italiennes exige plusieurs heures.
Toutefois, en utilisant des sauces préparées et
des raviolis chinois frais réfrigérés, le temps
de préparation est considérablement réduit.
Si le mélange de porc est complètement refroidi
avant de procéder à l'étagement, le plat peut être
réfrigéré jusqu'à 2 jours avant de cuire.*

2 c. à soupe de beurre
125 ml (½ tasse) d'oignons hachés
125 ml (½ tasse) de carottes miniatures, hachées
455 g (1 lb) de porc haché maigre
375 ml (1 ½ tasse) de sauce tomate réfrigérée ou en bocal à la viande
60 ml (¼ tasse) de persil frais, émincé
½ c. à café (½ c. à thé) de poivre noir moulu
1 paquet (455 g ou 1 lb) de raviolis chinois
375 ml (1 ½ tasse) de sauce alfredo réfrigérée ou en bocal
375 ml (1 ½ tasse) de fromage parmesan, romano et asiago râpé

Préchauffer le four à 180 °C (350 °F). Vaporiser d'huile végétale
un plat de cuisson de 32,5 x 22,5 cm (13 x 9 po). Réserver.

Faire fondre le beurre dans une poêle moyenne à feu moyen.
Ajouter les oignons et les carottes. Cuire environ 2 min, jusqu'à ce
que les légumes grésillent. Ajouter le porc et augmenter le feu à vif.
Cuire environ 3 min en mélangeant, jusqu'à ce que la viande ait
perdu sa teinte rosée. Ajouter la sauce tomate, le persil et le poivre.

Étendre 175 ml (¾ tasse) du mélange de porc également dans
le plat réservé (il ne couvrira pas la surface complètement). Couvrir
avec 3 raviolis chinois coupés pour couvrir une seule couche.
Étendre 175 ml (¾ tasse) du mélange de porc par-dessus. Arroser
avec 60 ml (¼ tasse) de sauce alfredo. Saupoudrer de 60 ml
(¼ tasse) de fromage. Répéter l'étagement à quatre reprises.
Couvrir avec les raviolis restants. Arroser avec les 60 ml (¼ tasse)
de sauce alfredo restante et les 60 ml (¼ tasse) de fromage restant.
Cuire au four environ 30 min, jusqu'à ce que le plat soit bouillonnant
et doré. Laisser reposer 10 min avant de couper.

Préparation = 20 min **Cuisson** = 30 min + 10 min de temps de repos
Rendement = 6 à 8 portions

Pastitsio

*Ce mets grec classique en casserole combine
la sauce tomate et la sauce à la crème
en leur ajoutant de l'agneau haché, du fromage feta
et un soupçon de cannelle.*

455 g (1 lb) de penne ou zitis
1 c. à soupe d'huile d'olive
375 ml (1 ½ tasse) d'oignons hachés
455 g (1 lb) d'agneau haché
2 c. à café (2 c. à thé) d'ail émincé conservé dans l'huile
1 c. à café (1 c. à thé) d'origan séché
½ c. à café (½ c. à thé) de cannelle moulue
1 bocal (738 ml ou 26 oz) de sauce tomate à l'ail et aux
oignons
750 ml (3 tasses) de sauce alfredo réfrigérée ou en bocal
250 ml (1 tasse) de fromage feta, en miettes

Cuire les pâtes selon les indications de l'emballage sans les faire
cuire complètement.

Entre-temps, faire chauffer l'huile dans une grande casserole à
feu moyen-vif. Ajouter les oignons et faire revenir 4 min, jusqu'à ce
qu'ils soient dorés. Ajouter l'agneau et cuire 5 min en défaisant la
viande, jusqu'à ce qu'elle perde sa teinte rosée. Incorporer l'ail,
l'origan et la cannelle et cuire 1 min. Incorporer la sauce tomate et
réduire le feu à moyen-doux. Laisser mijoter 5 min.

Préchauffer le four à 180 °C (350 °F).

Égoutter les pâtes et mélanger la moitié des pâtes avec la sauce
aux tomates et à l'agneau dans la casserole. Mélanger l'autre moitié
de pâtes avec la sauce alfredo et le feta dans la marmite à pâtes
ou un bol moyen. Verser les pâtes, sauce tomate dans un plat de
cuisson de 32,5 x 22,5 cm (13 x 9 po). Verser les pâtes, sauce
alfredo par-dessus en les étendant uniformément.

Cuire au four environ 30 min, jusqu'à ce que le plat soit
bouillonnant et gratiné. Laisser reposer 5 min avant de servir.

Préparation = 3 min   **Cuisson** = 35 min + 5 min de temps de repos
Rendement = 6 à 8 portions

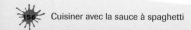

Thon et nouilles en casserole

La sauce alfredo préparée donne à ce plat typiquement américain un délicieux nouveau goût.

225 g (½ lb) de nouilles aux œufs larges
4 c. à soupe de beurre et un peu plus pour graisser
60 ml (¼ tasse) d'oignons hachés
225 g (½ lb) de champignons cremini ou blancs tranchés
1 c. à café (1 c. à thé) d'origan séché (facultatif)
750 ml (3 tasses) de sauce alfredo réfrigérée ou en bocal
60 ml (¼ tasse) de persil frais, haché
½ c. à café (½ c. à thé) de poivre noir moulu
2 boîtes (170 g ou 6 oz chacune) de thon blanc entier
**   conservé dans l'eau, égoutté**
125 ml (½ tasse) de chapelure

Cuire les pâtes selon les indications de l'emballage sans les faire cuire complètement.

Entre-temps, faire fondre 2 c. à soupe de beurre à feu moyen. Ajouter les oignons et faire revenir 4 à 5 min, jusqu'à ce qu'ils soient dorés. Ajouter les champignons et l'origan (le cas échéant) et cuire environ 4 min, jusqu'à ce que les champignons commencent à rendre leur jus. Incorporer la sauce alfredo, le persil et le poivre noir. Retirer du feu.

Préchauffer le four à 190 °C (375 °F). Beurrer un plat de cuisson de 27,5 x 17,5 cm (11 x 7 po) ou autre plat de 2 litres (8 tasses) peu profond.

Mettre le thon dans un grand bol en le défaisant en gros morceaux. Égoutter les pâtes et ajouter au bol avec la sauce alfredo. Bien mélanger, puis verser dans le plat préparé.

Placer les 2 c. à soupe de beurre restant dans un petit bol ou une petite poêle pour four à micro-ondes. Faire fondre 1 à 2 min à puissance moyenne. Incorporer la chapelure pour l'humecter, puis parsemer par-dessus le mélange. Cuire au four 25 à 30 min, jusqu'à ce que le plat soit bouillonnant et gratiné.

Préparation = 5 min **Cuisson** = 35 min (sans surveillance pour la plupart)
Rendement = 4 à 6 portions

Macaroni au fromage facile au four

*Si vous utilisez une sauce en bocal pour
préparer ce mets, il vous faudra deux bocaux
de 455 ml (16 oz). Pour préparer une variante
au cheddar et au bacon, hachez 4 tranches épaisses
de bacon et faites-les sauter avec les oignons.
Pendant que vous y êtes, utilisez du cheddar fumé ;
son goût rehausse le goût fumé du bacon.*

340 g (¾ lb) de macaronis
60 ml (¼ tasse) de beurre et un peu plus pour graisser
125 ml (½ tasse) d'oignons hachés
625 ml (2 ½ tasses) de sauce au fromage cheddar réfrigérée
 ou en bocal
750 ml (3 tasses) de fromage cheddar râpé
2 tranches de pain de mie blanc
⅛ c. à café (⅛ c. à thé) de sel
⅛ c. à café (⅛ c. à thé) de paprika

Cuire les macaronis selon les indications de l'emballage sans les faire
cuire complètement.

Entre-temps, faire fondre 2 c. à soupe de beurre dans une grande
casserole à feu moyen. Ajouter les oignons et cuire 4 à 5 min, jusqu'à
ce qu'ils soient dorés. Incorporer la sauce au cheddar et 625 ml
(2 ½ tasses) de cheddar et cuire jusqu'à ce que le fromage fonde,
puis retirer du feu.

Réduire le pain en miettes dans un robot culinaire. Faire fondre
les 2 c. à soupe de beurre restant dans une petite poêle à feu moyen
et incorporer les miettes de pain et le sel. Retirer du feu.

Préchauffer le four à 190 °C (375 °F). Graisser un plat de cuisson
de 2,5 à 3 litres (10 à 12 tasses). Égoutter les macaronis et mélanger
avec la sauce au fromage. Verser dans le plat préparé. Mélanger les
125 ml (½ tasse) de cheddar restant avec la chapelure et saupoudrer
par-dessus. Saupoudrer de paprika et cuire au four environ 30 min,
jusqu'à ce que le plat soit bouillonnant et gratiné.

Préparation = 5 min   **Cuisson** = 40 min (sans surveillance pour la plupart)
Rendement = 6 portions

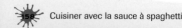

Pâtes au thon et aux tomates séchées en casserole

Cette mise à jour d'un plat populaire des années 1960 renferme beaucoup plus de saveur grâce à la sauce alfredo aux tomates séchées.

225 g (½ lb) de coquilles moyennes à grosses

2 c. à soupe de beurre

1 c. à soupe d'huile végétale

175 ml (¾ tasse) de chapelure (1 tranche de pain émiettée finement)

175 ml (¾ tasse) d'oignons hachés

2 boîtes (340 g ou 12 oz chacune) de thon conservé dans l'eau, égouttées

250 ml (1 tasse) de sauce alfredo réfrigérée ou en bocal aux tomates séchées

625 ml (1 ½ tasse) de petits pois surgelés

125 ml (½ tasse) de poivrons ou piments doux d'Espagne rôtis, effilés

1 c. à café (1 c. à thé) de poivre noir moulu

Cuire les pâtes selon les indications de l'emballage sans les cuire complètement.

Préchauffer le four à 180 °C (350 °F). Vaporiser d'huile un plat de cuisson de 32,5 x 22,5 cm (13 x 9 po). Réserver.

Faire chauffer le beurre et l'huile dans une poêle moyenne à feu moyen, jusqu'à ce que le beurre fonde. Enlever 2 c. à soupe et réserver dans un petit bol. Ajouter la chapelure au bol et mélanger. Réserver. Ajouter les oignons à la poêle. Faire revenir environ 5 min en remuant souvent, jusqu'à ce qu'ils commencent à dorer. Transférer au plat de cuisson.

Égoutter les pâtes et ajouter au plat avec le thon, la sauce, les pois, les poivrons ou piments doux et le poivre noir. Bien mélanger. Couvrir avec la chapelure réservée. Cuire au four environ 35 min, jusqu'à ce que le plat soit bouillonnant et doré.

Préparation = 15 min   **Cuisson** = 42 min
Rendement = 4 à 6 portions

Rigatonis au four à la saucisse, sauce à la vodka

*Les pâtes cuites au four produisent de merveilleuses saveurs.
Dans cette recette, les graines de fenouil,
la sauge et la saucisse rehaussent le goût, la sauce
à la vodka lui donne un aspect crémeux et
le fromage fontina ajoute une touche de noix.*

455 g (1 lb) de rigatonis ou zitis
2 c. à soupe d'huile d'olive et un peu plus pour graisser
500 ml (2 tasses) de poivrons rouges hachés
375 ml (1 ½ tasse) d'oignons hachés
455 g (1 lb) de saucisses italiennes douces ou épicées,
   le boyau retiré
1 c. à soupe d'ail émincé conservé dans l'huile
½ c. à café (½ c. à thé) de sauge séchée
½ c. à café (½ c. à thé) de graines de fenouil
⅛ à ¼ c. à café (⅛ à ¼ c. à thé) de flocons de piment fort, broyés
1 bocal (737 g ou 26 oz) de sauce tomate à la crème et
   à la vodka
500 ml (2 tasses) de fromage fontina râpé
60 ml (¼ tasse) de fromage parmesan râpé
3 c. à soupe de basilic frais, haché
½ c. à café (½ c. à thé) de poivre noir moulu

Préparation = 10 min   **Cuisson** = 40 min (sans surveillance pour la plupart)
Rendement = 6 à 8 portions

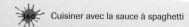

Cuire les pâtes selon les indications de l'emballage sans les cuire complètement.

Faire chauffer l'huile dans une grande casserole à feu moyen-vif. Ajouter les poivrons et les oignons et faire revenir 5 à 6 min, jusqu'à tendreté. Couper les saucisses en deux sur la longueur, puis sur la largeur en demi-lunes de 1 cm (½ po). Ajouter la saucisse à la poêle et cuire 5 à 6 min en défaisant la viande avec une cuillère, jusqu'à ce qu'elle soit bien dorée. Ajouter l'ail, la sauge, les graines de fenouil et les flocons de piment fort et cuire 2 min. Réduire le feu à moyen-doux et incorporer la sauce à la vodka. Faire chauffer 3 à 4 min de part en part.

Préchauffer le four à 200 °C (400 °F). Enduire d'huile un plat de cuisson de 32,5 x 22,5 cm (13 x 9 po).

Égoutter les pâtes et ajouter à la sauce aux saucisses et aux tomates. Incorporer 250 ml (1 tasse) de fontina, 2 c. à soupe de parmesan, le basilic et le poivre. Bien mélanger. Verser le mélange dans le plat préparé et garnir des 250 ml (1 tasse) de fontina restant et 2 c. à soupe de parmesan. Cuire au four 20 à 25 min, jusqu'à ce que le plat soit bouillonnant et gratiné.

Torsades aux concombres et au saumon fumé

La sauce alfredo mélangée aux concombres, aux oignons verts, à l'aneth et au saumon fumé crée une sauce délicieuse.

340 g (¾ lb) de torsades, rotinis ou autres pâtes de forme courte
1 concombre, pelé, épépiné et haché
1 c. à café (1 c. à thé) de sel
3 c. à soupe d'huile d'olive
1 botte d'oignons verts, hachés finement (les parties blanches seulement)
2 c. à café (2 c. à thé) d'ail émincé conservé dans l'huile
250 ml (1 tasse) de vin blanc sec
375 ml (1 ½ tasse) de sauce alfredo réfrigérée ou en bocal
1 c. à soupe d'aneth frais, haché
115 g (4 oz) de saumon fumé
¼ c. à café (¼ c. à thé) de poivre noir moulu

Cuire les pâtes selon les indications de l'emballage.

Entre-temps, mélanger le concombre et ¾ c. à café (¾ c. à thé) de sel dans une passoire et laisser reposer dans l'évier 10 min. Rincer le concombre et presser pour enlever toute l'eau. Réserver.

Faire chauffer l'huile dans une grande poêle à feu moyen. Ajouter les oignons verts et l'ail et faire revenir 2 à 3 min, jusqu'à ce qu'ils soient ramollis. Ajouter le vin et faire bouillir à feu vif 3 à 4 min, jusqu'à réduction du tiers. Réduire le feu à moyen-doux et incorporer la sauce alfredo et l'aneth. Cuire 1 min. Incorporer les ¼ c. à café (¼ c. à thé) de sel restant, le saumon, le poivre et le concombre réservé.

Égoutter les pâtes et mélanger avec la sauce.

Préparation = 5 min **Cuisson** = 10 min **Rendement** = 4 à 6 portions

Pizzas, tacos et sandwiches

Pizza épaisse farcie à la saucisse

La pâte préparée simplifie la préparation de pizzas et de pains à la dernière minute. Cette recette comprend une double croûte farcie de saucisse italienne, de sauce et de fromage.

455 g (1 lb) de chair à saucisse italienne
2 tubes (364 g ou 13 oz chacun) de pâte à pain italienne réfrigérée ou surgelée, dégelée
1 œuf battu avec 1 c. à soupe d'eau
1 ½ sac (340 g ou ¾ lb) de mozzarella et provolone râpé en filaments, en deux parts
375 ml (1 ½ tasse) de sauce tomate réfrigérée ou en bocal à la saucisse

Préchauffer le four à 200 °C (400 °F). Vaporiser d'huile végétale un moule rond à pizza épaisse de 35 cm (14 po). Mettre la saucisse dans une grande poêle froide à feu moyen-vif. Cuire environ 8 min en défaisant la viande en petits morceaux, jusqu'à ce qu'elle perde sa teinte rosée.

Entre-temps, dérouler un tube de pâte et disposer dans le moule à pizza. Retrancher l'excédent de pâte en l'utilisant pour colmater les trous de façon à couvrir le fond. Dérouler le deuxième tube de pâte et l'étendre sur la surface de travail. Retrancher l'excédent de pâte et colmater les trous de façon à obtenir un cercle approximatif.

Badigeonner la pâte dans le moule du mélange à œuf. Parsemer la moitié du fromage par-dessus. Ajouter la saucisse cuite, puis arroser de sauce. Parsemer le fromage restant par-dessus. Couvrir du cercle de pâte et pincer le bord pour sceller. Badigeonner avec le mélange à œuf. Percer la croûte plusieurs fois avec un petit couteau aiguisé.

Cuire au four environ 20 min, jusqu'à ce que la pizza soit dorée et bouillonnante. Laisser reposer 10 min avant de servir.

Préparation = 10 min   **Cuisson** = 20 min + 10 min de temps de repos
Rendement = 4 à 6 portions

Mini pizzas aux légumes en pâte feuilletée

La pâte feuilletée surgelée est excellente comme pâte à pizza non traditionnelle. Dans cette recette, un emporte-pièce est utilisé pour créer d'élégants hors-d'œuvre qui gonflent en seulement 15 min. Assemblez les pizzas jusqu'à un mois d'avance, puis passez-les au four avant de servir.

2 c. à soupe d'huile d'olive
375 ml (1 ½ tasse) de poivrons rouges hachés
115 g (4 oz) de champignons cremini ou blancs tranchés
2 c. à café (2 c. à thé) d'ail émincé conservé dans l'huile
½ c. à café (½ c. à thé) d'origan séché
455 g (1 lb) de pâte feuilletée surgelée, dégelée
75 ml (⅓ tasse) de fromage parmesan râpé
375 ml (1 ½ tasse) de sauce tomate basilic traditionnelle réfrigérée ou en bocal
500 ml (2 tasses) de fromage mozzarella râpé en filaments

Préchauffer le four à 200 °C (400 °F).

Faire chauffer 1 c. à soupe d'huile dans une poêle moyenne à feu moyen-vif. Ajouter les poivrons et faire revenir 2 min. Ajouter les champignons, l'ail et l'origan et faire revenir 3 à 4 min, jusqu'à ce que les champignons commencent à rendre leur jus. Retirer du feu.

Abaisser la pâte feuilletée à une épaisseur de 0,5 cm (¼ po). Saupoudrer avec le fromage parmesan. Étendre la sauce tomate par-dessus, puis garnir du mélange de champignons et de poivrons. Parsemer de fromage mozzarella, puis arroser de la c. à soupe d'huile restante.

À l'aide d'un emporte-pièce, découper 16 mini pizzas. (À ce stade, on peut emballer les pizzas dans une pellicule et un papier d'aluminium et les congeler jusqu'à un mois.) Transférer sur une plaque à pâtisserie à l'aide d'une spatule et cuire au four 10 à 12 min pour des pizzas dégelées ou 15 à 20 min pour des pizzas congelées, jusqu'à ce qu'elles soient gratinées et croustillantes.

Préparation = 10 min   **Cuisson** = 15 à 20 min
Rendement = 6 à 8 portions (16 mini pizzas)

Bœuf séché à la crème sur pain grillé

Le bœuf séché est un produit à base de bœuf en filaments qui est séché, salé et fumé. Vous le trouverez en bocal dans la plupart des épiceries. Le fait de le faire mijoter dans une sauce alfredo améliore grandement ce classique de la cuisine américaine.

2 c. à soupe de beurre
60 ml (¼ tasse) d'oignons hachés
115 g (¼ lb) de bœuf séché en filaments
500 ml (2 tasses) de sauce alfredo réfrigérée ou en bocal
6 tranches de pain grillé

Faire fondre le beurre dans une grande poêle à feu moyen-vif. Ajouter les oignons et le bœuf et faire revenir environ 5 min, jusqu'à ce qu'ils soient légèrement dorés. Réduire le feu à moyen-doux et incorporer la sauce alfredo. Cuire 2 min. Verser sur le pain grillé placé sur des assiettes.

Cuisson = 7 min
Rendement = 6 portions

Pizza blanche aux épinards et aux crevettes

Une pizza sans sauce rouge peut vous ouvrir de nouvelles perspectives. Voici une recette aux crevettes, à la ricotta et aux épinards qui rappelle le drapeau italien : rouge, blanc et vert.

2 c. à soupe d'huile d'olive
455 g (1 lb) de crevettes moyennes, décortiquées et déveinées, dégelées au besoin
1 c. à soupe d'ail émincé conservé dans l'huile
⅛ c. à café (⅛ c. à thé) de flocons de piment fort, broyés
170 g (6 oz) de feuilles d'épinards, lavées
sel et poivre noir moulu
2 tubes (15 g ou 364 g chacun) de pâte à pain italienne réfrigérée ou surgelée, dégelée au besoin
250 ml (1 tasse) de sauce alfredo réfrigérée ou en bocal
175 ml (¾ tasse) de fromage ricotta

Préchauffer le four à 200 °C (400 °F). Vaporiser d'huile végétale deux moules à pizza de 35 cm (14 po) ou plaques à pâtisserie.

Faire chauffer 1 c. à soupe d'huile dans une grande poêle à feu moyen-vif. Ajouter les crevettes, l'ail, les flocons de piment fort et les épinards. Cuire 2 à 3 min jusqu'à ce que les crevettes commencent à rosir, les épinards soient flétris et la plupart du liquide soit évaporé. Assaisonner légèrement et retirer du feu.

Entre-temps, dérouler la pâte à pizza et la presser dans les moules à pizza ou plaques à pâtisserie en retranchant l'excédent et en formant des cercles approximatifs de 35 cm (14 po).

Combiner la sauce alfredo et la ricotta dans un petit bol. Diviser le mélange entre les deux cercles de pâtes en l'étendant uniformément. Garnir avec les épinards et les crevettes. Arroser de la c. à soupe d'huile restante. Cuire au four environ 15 min, jusqu'à ce que la croûte soit dorée et bouillonnante.

Préparation = 8 min   **Cuisson** = 18 min
Rendement = 4 à 6 portions

Pizzas sur pitas grillés aux tomates et au gorgonzola

Le pain pita est une excellente base pour faire des pizzas, surtout lorsqu'on le fait griller. Si vous préférez ne pas le griller, utilisez des pains pita non cuits en les garnissant tel qu'indiqué puis faites-les cuire au four à 230 °C (450 °F) 10 à 12 min, jusqu'à ce que les pizzas soient croustillantes et que le fromage soit fondu.

455 g (1 lb) de chair à saucisse italienne
6 pains pita sans poche de 15 à 20 cm (6 à 8 po)
250 ml (1 tasse) de pesto (page 23) ou pesto du commerce
2 tomates, hachées finement
375 ml (1 ½ tasse) de fromage gorgonzola (ou autre fromage bleu tel que Maytag), émietté finement

Placer la saucisse dans une grande poêle froide à feu moyen-vif. Cuire environ 8 min en défaisant la viande en petits morceaux, jusqu'à ce qu'elle perde sa teinte rosée.

Entre-temps, vaporiser d'un enduit végétal les pitas des deux côtés.

Chauffer le gril à moyen. Badigeonner la grille d'huile et y placer les pains pita (en petites quantités au besoin) ; faire dorer le dessous 1 à 2 min pour laisser la trace de la grille.

Retirer vers une surface de travail et inverser pour exposer le côté grillé. Étendre le pesto uniformément. Ajouter la saucisse, les tomates et le fromage. Retourner sur le gril à l'aide d'une spatule, fermer le couvercle et griller 3 à 5 min, jusqu'à ce que le fromage fonde et le dessous soit grillé (surveiller de près pour ne pas brûler les pizzas). Couper chaque pizza en six pointes.

Préparation = 8 min   **Cuisson** = 10 min
Rendement = 6 petites pizzas (6 à 8 portions)

Tarte provençale aux épinards

*Les tartes aux légumes savoureuses sont
un aliment de base sur toute la côte méditerranéenne.
Voici une version simplifiée que l'on peut rehausser
de 60 ml (¼ tasse) de raisins secs et de pignons.
Servez chaude ou à température ambiante.*

1 paquet (420 g ou 15 oz) de deux croûtes à tarte réfrigérées
250 ml (1 tasse) de fromage mozzarella et asiago râpé en
filaments à l'ail rôti, en deux parts
1 c. à soupe d'huile d'olive
340 g (¾ lb) de jeunes pousses d'épinards lavées
375 ml (1 ½ tasse) de sauce tomate réfrigérée ou en bocal
aux quatre fromages
3 c. à soupe de pesto au basilic réfrigéré ou en bocal
1 œuf battu
poivre noir moulu

Préchauffer le four à 190 °C (375 °F). Placer une croûte dans un
moule à pizza de 22,5 cm (9 po) en laissant l'excédent déborder sur
les côtés. Saupoudrer la moitié du fromage dans la croûte. Réserver.

Faire chauffer l'huile dans une grande poêle à feu vif. Ajouter
les épinards et les faire revenir environ 2 min en remuant, jusqu'à
ce qu'ils soient flétris. Réserver.

Dans un bol, combiner la sauce tomate, le pesto et l'œuf et
mélanger. Verser dans la croûte. Ajouter les épinards et le fromage
restant. Poivrer généreusement. Couvrir avec la croûte restante. Plier
les bords de la croûte du dessus sous la croûte du dessous et pincer
pour sceller. Percer la croûte du dessus plusieurs fois à l'aide d'un
couteau aiguisé.

Cuire au four environ 40 min, jusqu'à ce que la croûte soit dorée
et la garniture bouillonnante. Laisser refroidir au moins 30 min avant
de servir.

Préparation = 10 min   **Cuisson** = 40 min + 30 min de temps
de refroidissement   **Rendement** = 4 à 6 portions

Tacos à la dinde

*Voici une bonne garniture pour tacos que
même les enfants vont manger. Pour en relever
le goût, utilisez un mélange de paprika et
un autre piment chili moulu tel que le piment ancho
ou chipotle. Sinon, utilisez du chili en poudre
du commerce mais en réduisant la quantité à 1 c. à soupe.*

12 tortillas au maïs (15 cm ou 6 po)
2 c. à soupe d'huile d'olive
375 ml (1 ½ tasse) d'oignons hachés
250 ml (1 tasse) de poivrons rouges hachés
1 c. à soupe d'ail émincé conservé dans l'huile
1 c. à soupe de piments Jalapeño en conserve ou frais, hachés
1 ½ c. à soupe de paprika doux
1 c. à café (1 c. à thé) de cumin moulu
1 c. à café (1 c. à thé) d'origan séché
455 g (1 lb) de dinde hachée
250 ml (1 tasse) de sauce marinara réfrigérée ou en bocal
500 ml (2 tasses) de laitue déchiquetée
115 g (¼ lb) de fromage Monterey Jack râpé en filaments
**375 ml (1 ½ tasse) de salsa ou sauce pour tacos réfrigérée
  ou en bocal**

Préchauffer le four ou grille-pain four à 180 °C (350 °F). Envelopper
la pile de tortillas et quelques gouttes d'eau dans du papier
d'aluminium. Cuire au four environ 10 min jusqu'à ce qu'elles soient
chaudes et pliables.

   Entre-temps, faire chauffer l'huile dans une grande poêle à feu
moyen-vif. Ajouter les oignons et faire revenir environ 4 min, jusqu'à
ce qu'ils soient dorés. Ajouter les poivrons, l'ail, les piments Jalapeño,
le paprika, le cumin et l'origan. Cuire 1 min. Ajouter la dinde et faire
revenir 5 min en défaisant la viande avec une cuillère, jusqu'à ce
qu'elle soit dorée. Incorporer la sauce marinara, réduire le feu à
moyen-doux et laisser mijoter doucement 5 à 8 min, jusqu'à ce que
les saveurs s'amalgament. Mettre la laitue, le fromage et la salsa ou
sauce pour tacos dans des bols. Servir avec les tortillas et la
garniture de dinde en pliant les tortillas une fois remplies.

Préparation = 2 min **Cuisson** = 18 min **Rendement** = 4 portions

Tacos aux haricots noirs et au chorizo

Ces tacos rustiques et épicés au goût légèrement fumé sont idéals pour le lunch. Si vous ne trouvez pas de chorizo, utilisez une autre saucisse épicée au porc telle que l'andouille cajun.

12 tortillas au maïs (15 cm ou 6 po)
115 g (¼ lb) de chorizo mexicain frais, le boyau retiré
375 ml (1 ½ tasse) d'oignons hachés
1 c. à soupe d'ail émincé conservé dans l'huile
115 g (¼ lb) de champignons cremini ou blancs, tranchés
1 c. à soupe de piment ancho moulu
1 c. à café (1 c. à thé) de cumin moulu
1 c. à café (1 c. à thé) d'origan séché
1 boîte (398 ml ou 14 oz) de haricots noirs, rincés et égouttés
250 ml (1 tasse) de sauce marinara réfrigérée ou en bocal
115 g (¼ lb) de fromage feta ou chèvre émietté
375 ml (1 ½ tasse) de salsa ou sauce pour tacos réfrigérée ou en bocal

Préchauffer le four ou grille-pain four à 180 °C (350 °F). Envelopper la pile de tortillas et quelques gouttes d'eau dans un papier d'aluminium. Cuire au four environ 10 min, jusqu'à ce qu'elles soient chaudes et pliables.

Entre-temps, faire revenir le chorizo dans une grande poêle à feu moyen 4 à 5 min en défaisant la viande en petits morceaux jusqu'à ce qu'elle soit dorée. Augmenter le feu à moyen-vif et ajouter les oignons. Faire revenir 3 à 4 min, jusqu'à ce qu'ils soient ramollis. Ajouter l'ail, les champignons, le piment ancho, le cumin et l'origan. Cuire 2 à 3 min, jusqu'à ce que les champignons rendent leur jus et le liquide soit presque tout évaporé. Ajouter les haricots et la sauce marinara, puis réduire le feu à moyen-doux et laisser mijoter doucement 5 à 8 min, jusqu'à ce que les saveurs s'amalgament.

Mettre le fromage et la salsa ou sauce pour tacos dans des bols. Servir avec les tortillas et la garniture en pliant les tortillas une fois remplies.

Préparation = 5 min   **Cuisson** = 15 min   **Rendement** = 4 portions

Tacos au tilapia

Les tacos au poisson sont un mets populaire
dans les régions côtières du Mexique. Les préparer
dans votre cuisine est aussi simple
qu'une journée à la plage.

8 tortillas au maïs (15 cm ou 6 po)
250 ml (1 tasse) de sauce tomate réfrigérée ou en bocal aux
  morceaux de légumes
1 c. à soupe de chili en poudre
60 ml (¼ tasse) d'huile végétale
farine
455 g (1 lb) de filets de tilapia
2 bottes d'oignons verts entiers, coupés en morceaux de 2,5 cm
  (1 po)
8 c. à soupe de crème sure

Préchauffer le four ou grille-pain four à 180 °C (350 °F).

Envelopper la pile de tortillas et quelques gouttes d'eau dans un papier d'aluminium. Cuire au four environ 10 min, jusqu'à ce qu'elles soient chaudes et pliables.

Entre-temps, dans un bol pour four à micro-ondes, combiner la sauce et le chili en poudre. Couvrir et chauffer au four à micro-ondes à puissance élevée 1 à 2 min, jusqu'à ce que le mélange soit chaud.

Faire chauffer environ 2 c. à soupe d'huile dans une grande poêle à feu vif. Fariner le poisson en tapotant l'excès. Faire frire la moitié du poisson environ 2 min, jusqu'à ce qu'il soit doré sur le dessous. Tourner le poisson. Ajouter la moitié des oignons verts entre les filets. Réduire le feu légèrement si le poisson cuit trop vite. Cuire environ 3 min, jusqu'à ce que le poisson soit opaque au centre et les oignons verts soient flétris. Réserver sur une assiette. Ajouter environ 2 c. à soupe d'huile à la poêle. Répéter avec le poisson et les oignons verts qui restent, en réservant environ 125 ml (½ tasse) d'oignons verts pour servir à table. Remplir les tortillas de poisson, d'oignons verts, de sauce et de crème sure et les plier.

Préparation = 3 min **Cuisson** = 12 min **Rendement** = 4 portions

Sandwiches ouverts au jambon, sauce cheddar au chipotle

Le bœuf ou la dinde en tranches – ou une combinaison de bœuf, de dinde et de jambon – sont également diablement bons dans ces sandwiches épicés à manger avec des ustensiles.

6 tranches de pain de seigle consistant
12 tranches minces d'oignon doux
340 g (¾ lb) de jambon de charcuterie tranché très mince
250 ml (1 tasse) de sauce au cheddar réfrigérée ou en bocal
½ à 1 c. à café (½ à 1 c. à thé) de piment chipotle moulu

Faire griller légèrement le pain et le mettre sur une plaque à pâtisserie. Ajouter les oignons. Ajouter le jambon, une tranche à la fois en superposant les tranches. Couvrir de façon lâche avec une feuille de papier d'aluminium. Cuire dans un four ou grille-pain four préchauffé à 180 °C (350 °F) environ 8 min, jusqu'à ce que les sandwiches soient chauds.

Entre-temps, dans un bol pour four à micro-ondes, combiner la sauce et ½ c. à café (½ c. à thé) de piment chipotle. Goûter et ajouter jusqu'à ½ c. à café (½ c. à thé) de piment au goût. Mélanger. Couvrir avec un papier ciré et faire chauffer au four à micro-ondes 1 min à puissance élevée ou jusqu'à ce que la sauce soit chaude. Étendre sur les sandwiches et servir immédiatement.

Préparation = 4 min   **Cuisson** = 8 min   **Rendement** = 6 portions

Croque-monsieur au prosciutto et au provolone

L'idéal pour préparer ces sandwiches ouverts est d'utiliser une miche de pain au levain. Si vous n'avez pas de miche rustique, essayez de trouver un pain sandwich au levain (Pepperidge Farm) au rayon des pains de votre supermarché. Pour compléter le repas, servez avec une salade de pâtes comme la salade crémeuse de rotinis au brocoli et aux tomates (page 126).

8 tranches épaisses de pain au levain ou pain de campagne
125 ml (½ tasse) de pesto au basilic réfrigéré ou en bocal
175 ml (¾ tasse) de poivrons rôtis en bocal, égouttés et tranchés
455 g (1 lb) de prosciutto (environ 16 tranches)
225 g (½ lb) de fromage provolone (environ 8 tranches)

Préchauffer le four à 200 °C (400 °F) et placer une grille au niveau supérieur.

Mettre le pain sur une plaque à pâtisserie et y étendre le pesto. Garnir de poivrons, de prosciutto et de provolone en répartissant les ingrédients également.

Cuire sur la grille supérieure 5 à 8 min, jusqu'à ce que le pain soit grillé et le fromage légèrement gratiné.

Préparation = 4 min   **Cuisson** = 8 min   **Rendement** = 4 portions

 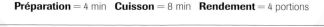

Sandwiches italiens au bœuf et aux poivrons

*Le goût du bœuf braisé s'améliore si vous
le préparez plusieurs jours à l'avance avant
de le servir. Pour le réchauffer, tranchez le bœuf
et réchauffez-le doucement dans la sauce dans
une grande poêle. La recette qui suit indique comment faire
cuire le bœuf au four. Si vous préférez utiliser une mijoteuse,
cuisez 8 h à puissance faible ou 4 h à puissance élevée.*

**625 ml (2 ½ tasses) de sauce tomate réfrigérée ou en bocal à l'ail
et aux oignons**

1 poivron vert, émincé

1 oignon, tranché

2 c. à café (2 c. à thé) d'épices italiennes

rôti de bœuf d'intérieur de ronde de 1 à 1,1 kg (2 à 2 ½ lb)

8 pains pour sandwiches au steak

12 tranches de fromage provolone (environ 225 g ou ½ lb)

Préchauffer le four à 190°c (325 °F).

Dans une grande marmite allant au four, combiner la sauce, le
poivron, les oignons et les épices et remuer pour mélanger. Mettre
le rôti dans la marmite en le nappant de sauce. Couvrir la marmite
de façon étanche avec du papier d'aluminium et le couvercle. Cuire
environ 3 h ou jusqu'à ce que le bœuf soit tendre lorsqu'on
le pique avec une fourchette.

Retirer le rôti et le placer sur une planche à couper. Couper en
tranches.

Trancher les pains presque complètement en deux. Les ouvrir
vers le haut sur une grande plaque à pâtisserie tapissée de papier
d'aluminium. Garnir les pains de bœuf, de sauce et de fromage. Cuire
sous le gril environ 2 min à 15 cm (6 po) de l'élément chauffant pour
faire fondre le fromage.

Préparation = 5 min **Cuisson** = 3 h **Rendement** = 8 portions

Paninis aux escalopes de poulet

Les escalopes sont de minces tranches de poitrine de poulet qui cuisent rapidement. Les paninis sont de petits sandwiches grillés. Ajoutez du pesto, des tomates séchées et du fromage fontina et vous avez un repas réussi ! La recette qui suit explique comment cuire les paninis dans la poêle. Vous pouvez également utiliser un gril à panini ou un gril George-Foreman muni d'une grille supérieure et inférieure. Faites cuire le poulet d'abord sur le gril. Puis faites cuire les sandwiches sur le gril en abaissant le couvercle pour presser doucement les sandwiches. Les deux côtés vont cuire en même temps.

3 c. à soupe de beurre
455 g (1 lb) d'escalopes de poulet tranchées
8 tranches de pain au levain ou autre pain de campagne
125 ml (½ tasse) de pesto au basilic réfrigéré ou en bocal
125 ml (½ tasse) de lanières de tomates séchées conservées dans l'huile
225 g (½ lb) de fromage fontina (environ 8 tranches minces)

Faire chauffer 2 c. à soupe de beurre dans une grande poêle à feu moyen-vif. Ajouter le poulet (en petites quantités au besoin) et cuire des deux côtés environ 2 min par côté, jusqu'à ce qu'il soit doré. Réserver sur une assiette.

Tartiner le pain avec le pesto et garnir de quatre tranches de tomates séchées, de poulet et de fromage en répartissant les ingrédients également. Terminer par les tranches de pain restant.

Faire fondre 1 c. à soupe de beurre dans la poêle. Ajouter les sandwiches (en petites quantités au besoin) et placer un poids par-dessus pour les écraser (une poêle en fonte ou des briques recouvertes de papier d'aluminium). Cuire les sandwiches environ 2 min par côté, jusqu'à ce qu'ils soient dorés et que le fromage soit fondu.

Préparation = 5 min **Cuisson** = 10 min
Rendement = 4 portions

Sloppy Joes

Malgré la longue liste d'ingrédients, cette recette n'exige aucun travail de préparation. La recette est à base d'épaule hachée parce que sa plus haute teneur en gras permet d'obtenir un mélange plus coulant et savoureux. Vous pouvez utiliser du bœuf haché maigre si vous préférez. Si vous voulez ajouter un peu de piquant, arrosez de sauce tabasco à la table.

1 c. à soupe d'huile d'olive
250 ml (1 tasse) d'oignons hachés
250 ml (1 tasse) de poivrons rouges hachés
115 g (¼ lb) de champignons cremini ou blancs tranchés
2 c. à café (2 c. à thé) d'ail émincé conservé dans l'huile
455 g (1 lb) d'épaule de bœuf hachée ou bœuf haché maigre
1 c. à soupe de chili en poudre
1 c. à café (1 c. à thé) d'origan séché
½ c. à café (½ c. à thé) de cumin moulu
½ c. à café (½ c. à thé) de poivre noir moulu
¼ c. à café (¼ c. à thé) de sel
1 bocal (738 ml ou 26 oz) de sauce tomate basilic traditionnelle
60 ml (¼ tasse) de miettes de tomates séchées conservées
   dans l'huile
1 c. à soupe de vinaigre balsamique
1 c. à café (1 c. à thé) de sucre
6 pains kaiser de blé entier ou pains hamburger mous

Faire chauffer l'huile dans une grande poêle à feu moyen-vif. Ajouter les oignons et les poivrons et faire revenir 5 à 6 min, jusqu'à ce que les légumes commencent à ramollir. Ajouter les champignons et l'ail et cuire 3 à 4 min, jusqu'à ce que les champignons commencent à rendre leur jus. Tasser les légumes sur le côté et émietter le bœuf. Ajouter le chili en poudre, l'origan, le cumin, le poivre noir et le sel. Cuire environ 5 min en défaisant la viande avec une cuillère, jusqu'à ce que le bœuf soit cuit. Incorporer la sauce tomate, les tomates séchées, le vinaigre et le sucre. Réduire le feu à moyen-doux et cuire environ 20 min, jusqu'à ce que le mélange soit assez épais pour tenir sur un pain sans couler. Servir sur les pains.

Cuisson = 35 min (sans surveillance pour la plupart)
Rendement = 6 portions

Pains pita au pesto et au thon

*Le concombre et le citron confèrent
un goût léger et rafraîchissant à ces sandwiches.
Si vous avez le temps, mettez-les au réfrigérateur
pendant une heure pour laisser les saveurs s'amalgamer.
La recette utilise des concombres anglais (la variété longue
et mince souvent enveloppée dans une pellicule) parce qu'ils
ont moins de pépins, une pelure plus mince et un goût moins
amer. Si vous utilisez des concombres des champs,
pelez et épépinez-les avant de les hacher.*

**2 boîtes (170 g ou 6 oz chacune) de thon blanc conservé dans
l'eau, égouttées**
75 ml (⅓ tasse) de pesto au basilic réfrigéré ou en bocal
2 c. à soupe d'huile d'olive
jus d'un demi-citron
175 ml (¾ tasse) de céleri haché
175 ml (¾ tasse) de concombres anglais, hachés
250 ml (1 tasse) de tomates raisin, coupées en deux
½ c. à café (½ c. à thé) de sel
¼ c. à café (¼ c. à thé) de poivre noir moulu
2 pains pita (15 à 20 cm ou 6 à 8 po), coupés en deux

Dans un bol moyen, combiner le thon, le pesto, l'huile, le jus de
citron, le céleri, les concombres, les tomates, le sel et le poivre noir.
Remplir les pitas coupés avec le mélange au thon.

Préparation = 10 min
Rendement = 4 portions

Calzones au jambon et au fromage

*De grosses demi-lunes de pâte à pizza farcies
de fromage font un mets des plus prometteurs.
Le jambon ajoute une pointe salée en contrepoint.
Si vous ne trouvez pas de provolone râpé en filaments,
utilisez des tranches de provolone hachées.*

225 g (½ lb) de jambon fumé tranché, haché finement
250 ml (1 tasse) de fromage provolone râpé en filaments
500 ml (2 tasses) de fromage ricotta (455 g ou 16 oz)
125 ml (½ tasse) de fromage parmesan râpé
1 c. à café (1 c. à thé) d'origan séché
625 ml (2 ½ tasses) de sauce tomate basilic traditionnelle
réfrigérée ou en bocal
2 tubes (354 g ou 13 oz chacun) de pâte à pain italienne
réfrigérée ou surgelée, dégelée au besoin
1 œuf, battu avec 1 c. à soupe d'eau

Préchauffer le four à 200 °C (400 °F). Vaporiser deux plaques à pâtisserie d'huile végétale. Dans un grand bol, mélanger le jambon, le provolone, la ricotta, le parmesan, l'origan et 125 ml (½ tasse) de sauce tomate.

Dérouler la pâte à pizza et la presser sur les deux plaques à pâtisserie en retranchant l'excédent et en formant des cercles approximatifs de 35 cm (14 po). Badigeonner le rebord de la pâte avec le mélange à œuf.

Entasser la moitié de la garniture d'un côté de chaque cercle de pâte. Tirer la pâte par-dessus la garniture et pincer les bords avec les doigts pour sceller la pâte. Badigeonner les dessus avec le mélange à œuf restant. Percer le dessus de la croûte plusieurs fois à l'aide d'un petit couteau aiguisé.

Cuire au four 15 à 20 min, jusqu'à ce que les calzones soient dorés. Laisser tiédir 5 min avant de couper.

Entre-temps, chauffer la sauce tomate restante 2 à 5 min dans un bol pour four à micro-ondes ou une casserole sur un feu moyen. Servir les calzones avec la sauce restante pour tremper.

Préparation = 15 min   **Cuisson** = 15 min
Rendement = 6 à 8 portions

Soupes et ragoûts

Gazpacho de Valence

Lorsque les tomates cultivées localement ne sont plus en saison, cette version de la soupe espagnole aux tomates fraîches vous fera croire que les produits d'été sont encore disponibles.

1 concombre anglais (420 g ou 15 oz), coupé en morceaux
375 ml (1 ½ tasse) de poivrons tricolores hachés
1 botte d'oignons verts, les parties blanches et vert pâle
   seulement, coupés en tranches
500 ml (2 tasses) de sauce tomate réfrigérée ou en bocal à l'ail
   et aux oignons
500 ml (2 tasses) de jus d'orange bien refroidi
375 ml (1 ½ tasse) d'eau glacée
1 c. à café (1 c. à thé) de sauce aux piments forts
125 ml (½ tasse) de coriandre fraîche, hachée

Dans un robot culinaire muni d'une lame métallique ou dans un mélangeur, combiner le concombre, les poivrons et les oignons verts. Actionner la lame 18 à 24 fois pour hacher finement sans réduire en purée. Transvider dans un grand bol. Incorporer la sauce tomate, le jus d'orange, l'eau, la sauce aux piments forts et la coriandre. Réfrigérer aux moins 30 min avant de servir.

Préparation = 5 min   **Cuisson** = 30 min de temps de refroidissement
Rendement = 4 à 6 portions

Soupe méditerranéenne aux légumes et au pesto

*En France, on mange de la soupe au pistou
(une soupe au pesto avec des légumes et
habituellement des haricots). De l'Italie nous vient
la minestrone (soupe aux légumes avec haricots
et nouilles et parfois du pesto). Voici une version facile
de ce plat méditerranéen apprécié. Du pain et
une salade compléteront le repas.*

2 c. à soupe d'huile d'olive
250 ml (1 tasse) d'oignons hachés
250 ml (1 tasse) de carottes hachées
250 ml (1 tasse) de céleri haché
1 grosse pomme de terre, pelée et hachée
1 à 1,2 litre (4 à 5 tasses) de bouillon de légumes ou de poulet
250 ml (1 tasse) de sauce tomate réfrigérée ou en bocal aux
  morceaux de légumes
1 courgette moyenne, hachée
250 ml (1 tasse) de haricots blancs ou pois chiches,
  cuits ou en conserve
250 ml (1 tasse) de ditalinis, macaronis ou petites coquilles
  (ou spaghettis fins cassés)
75 ml (⅓ tasse) de pesto au basilic réfrigéré ou en bocal

Faire chauffer l'huile dans une grande casserole à feu moyen. Ajouter
les oignons, les carottes et le céleri et faire revenir environ 5 min,
jusqu'à ce qu'ils soient ramollis. Ajouter la pomme de terre, 1 litre
(4 tasses) de bouillon et la sauce tomate. Porter à ébullition à feu vif,
puis réduire le feu à moyen-doux et laisser mijoter 25 à 30 min,
jusqu'à tendreté des pommes de terre. Ajouter du bouillon
additionnel si la soupe est trop épaisse. Incorporer la courgette,
les haricots et les pâtes et laisser mijoter 7 à 9 min, jusqu'à tendreté
des pâtes. Incorporer le pesto.

Préparation = 5 min   **Cuisson** = 40 min (sans surveillance pour la plupart)
Rendement = 4 portions

Crème d'asperges

*Si des talles de ciboulette poussent dans
votre pelouse, coupez-en avec des ciseaux et
utilisez-la dans cette recette (pourvu que vous
n'arrosiez pas votre pelouse de produits toxiques).
Pour obtenir une soupe toute blanche avec
des flocons verts de ciboulette coupée, utilisez
des asperges blanches au lieu des vertes.*

2 c. à soupe de beurre ou huile d'olive
375 ml (1 ½ tasse) d'oignons hachés
2 c. à café (2 c. à thé) d'ail émincé conservé dans l'huile
680 g (1 ½ lb) d'asperges (20 à 30 turions), bouts enlevés,
  pointes réservées, coupées en morceaux de 5 cm (2 po)
1 litre (4 tasses) de bouillon de poulet
125 ml (½ tasse) de vin blanc sec ou bouillon additionnel
250 ml (1 tasse) de sauce alfredo réfrigérée ou en bocal
1 c. à soupe de ciboulette fraîche, ciselée

Faire fondre le beurre ou l'huile d'olive dans une casserole moyenne
à feu moyen. Ajouter les oignons et faire revenir 4 min, jusqu'à ce
qu'ils soient ramollis. Ajouter l'ail et les morceaux d'asperges (en
réservant les pointes). Cuire 1 min. Ajouter le bouillon et le vin et
porter à ébullition à feu vif. Réduire le feu à moyen-doux et laisser
mijoter environ 5 min, jusqu'à tendreté des asperges. Réduire en
purée à l'aide d'un mélangeur à main, d'un mélangeur ou d'un robot
culinaire (en petites quantités au besoin). Retourner la soupe dans
la casserole et incorporer la sauce alfredo. Faire chauffer environ
2 min de part en part. Servir avec la ciboulette en garniture.

Préparation = 7 min   **Cuisson** = 12 min
Rendement = 4 portions

Soupe à la courge musquée

Cette soupe onctueuse, élégante et raffinée est idéale en repas à l'automne. Pour peler une courge musquée sans tracas, piquez la peau en plusieurs endroits avec une fourchette. Passez-la au four à micro-ondes environ 2 min, jusqu'à ce que la peau ramollisse, puis pelez de haut en bas à l'aide d'un éplucheur à légumes ou couteau à éplucher. Encore mieux, cherchez les emballages de courge épluchée à votre supermarché. Un peu de poivron rouge émincé et quelques brins de persil frais font une belle garniture déposée au centre de la soupe.

2 c. à soupe de beurre ou huile d'olive
250 ml (1 tasse) d'oignons hachés
125 ml (½ tasse) de carottes hachées
2 c. à café (2 c. à thé) d'ail émincé conservé dans l'huile
1 c. à café (1 c. à thé) de sauge séchée
1 courge musquée moyenne, pelée, épépinée et hachée
500 à 750 ml (2 à 3 tasses) de bouillon de poulet ou de légumes
250 ml (1 tasse) de vin blanc sec ou bouillon additionnel
250 ml (1 tasse) de sauce alfredo réfrigérée ou en bocal

Faire fondre le beurre ou l'huile d'olive dans une grande casserole à feu moyen. Ajouter les oignons, les carottes, l'ail et la sauge et cuire environ 5 min, jusqu'à ce que les carottes soient ramollies. Incorporer la courge et 500 ml (2 tasses) de bouillon et porter à ébullition à feu vif. Réduire le feu à moyen-vif, couvrir et laisser mijoter environ 15 min, jusqu'à tendreté de la courge. Réduire en une purée lisse à l'aide d'un mélangeur à main, mélangeur ou robot culinaire (en petites quantités au besoin). Retourner à la casserole et incorporer la sauce alfredo. Faire chauffer 2 à 3 min de part en part à feu moyen-doux.

Préparation = 10 min   **Cuisson** = 25 min
Rendement = 4 portions

Soupe à la bière,
au fromage et au brocoli

*Cette soupe consistante et rassasiante va bien
avec le steak ou les hamburgers.*

6 c. à soupe de beurre
250 ml (1 tasse) d'oignons hachés
175 ml (¾ tasse) de carottes hachées
175 ml (¾ tasse) de céleri haché
60 ml (¼ tasse) de farine tout usage
500 à 750 ml (2 à 3 tasses) de bouillon de poulet ou de légumes
250 ml (1 tasse) de bière, ale de préférence
500 ml (2 tasses) de petits fleurons de brocoli
500 ml (2 tasses) de fromage cheddar fort râpé en filaments
250 ml (1 tasse) de sauce au fromage cheddar réfrigérée
**   ou en bocal**
250 ml (1 tasse) de sauce alfredo réfrigérée ou en bocal
1 c. à café (1 c. à thé) de sauce Worcestershire
1 c. à café (1 c. à thé) de moutarde sèche

Faire fondre 5 c. à soupe de beurre dans une grande casserole à feu
moyen. Ajouter les oignons, les carottes et le céleri et faire revenir
environ 5 min, jusqu'à ce qu'ils soient ramollis. Incorporer la farine et
cuire 4 min. Incorporer 500 ml (2 tasses) de bouillon et la bière en
fouettant. Porter à ébullition, puis réduire le feu à moyen-doux et laisser
mijoter jusqu'à épaississement. Entre-temps, faire fondre la c. à soupe
de beurre restant dans une grande poêle à feu moyen. Ajouter
le brocoli et cuire 2 à 3 min en remuant de temps en temps. Incorporer
60 ml (¼ tasse) de bouillon et cuire 1 à 2 min, jusqu'à ce que le brocoli
soit mi-croquant mi-tendre et le liquide soit évaporé. Retirer du feu.

Réduire la soupe en une purée lisse à l'aide d'un mélangeur à
main dans la casserole, ou dans un mélangeur ou robot culinaire
(en petites quantités au besoin). Retourner la soupe à la casserole
et laisser mijoter à feu moyen-vif. Réduire le feu à doux et incorporer
le cheddar, la sauce au fromage, la sauce alfredo, la sauce
Worcestershire et la moutarde. Cuire doucement 3 à 4 min en
remuant à l'occasion, jusqu'à ce que le fromage fonde. Incorporer
les fleurons de brocoli cuits et servir.

Préparation = 3 min   **Cuisson** = 35 min (sans surveillance pour la plupart)
Rendement = 4 portions

Bisque de champignons

Du bouillon de bœuf, des crustacés et du riz cuit en purée sont les éléments de base de la bisque classique. Dans cette version, les crustacés cèdent la place aux champignons mais le riz est toujours utilisé pour épaissir et le bouillon de bœuf ajoute de la saveur. Le riz rond a une teneur plus élevée en amidon et confère une texture plus crémeuse à la bisque. On peut aussi utiliser un riz à grains longs. Si vous le pouvez, utilisez un mélange de champignons sauvages en tranches tels que pleurotes et shiitakes, avec des champignons cremini pour complexifier la saveur. Pour une soupe ultra-crémeuse, passez-la dans un tamis fin après la réduction en purée et avant d'ajouter la sauce alfredo et les champignons réservés.

2 c. à soupe de beurre
250 ml (1 tasse) d'oignons hachés
125 ml (½ tasse) de carottes hachées
125 ml (½ tasse) de céleri haché
455 g (1 lb) de champignons cremini tranchés
75 ml (⅓ tasse) de riz rond (tel que arborio) ou riz à grains longs
2 bouquets de thym frais ou 1 c. à café (1 c. à thé) de thym séché
1 feuille de laurier
750 ml à 1 litre (3 à 4 tasses) de bouillon de poulet ou de légumes
500 ml (2 tasses) de vin blanc
250 ml (1 tasse) de bouillon de bœuf
175 ml (¾ tasse) de sauce marinara réfrigérée ou en bocal
1 c. à café (1 c. à thé) de paprika
½ c. à café (½ c. à thé) de sel
250 ml (1 tasse) de sauce alfredo réfrigérée ou en bocal

Préparation = 5 min   **Cuisson** = 50 min   **Rendement** = 4 portions

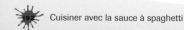

Faire fondre le beurre dans une grande casserole à feu moyen. Ajouter les oignons, les carottes et le céleri et faire revenir environ 5 min, jusqu'à ce qu'ils soient ramollis. Ajouter 340 g (¾ lb) de champignons et cuire 3 à 4 min, jusqu'à ce qu'ils commencent à rendre leur jus. Ajouter le riz et cuire 1 min. Envelopper le thym et la feuille de laurier dans une étamine ou un filtre à café propre et l'attacher avec de la ficelle ou un lien torsadé propre en plastique (non en papier). Ajouter à la casserole avec 750 ml (3 tasses) de bouillon de poulet, le vin, le bouillon de bœuf, la sauce tomate, le paprika et le sel. Porter à ébullition à feu vif, puis réduire le feu à moyen-doux et laisser mijoter 30 à 35 min, jusqu'à tendreté du riz.

Retirer le sac à épices et réduire la soupe en purée à l'aide d'un mélangeur à main, d'un mélangeur ou d'un robot culinaire (en petites quantités au besoin). Retourner la soupe à la casserole et incorporer la sauce alfredo et les 115 g (¼ lb) de champignons restants. Cuire à feu moyen-doux environ 5 min, jusqu'à ce les champignons commencent à ramollir. Ajouter du bouillon de poulet additionnel au besoin pour délayer la soupe.

Soupe aux châtaignes, aux champignons et au bacon

Essayez cette soupe à l'automne quand les châtaignes sont en saison. Elle fait une entrée remarquable pour le temps des fêtes. La méthode la plus facile est d'acheter des châtaignes pelées que l'on peut trouver surgelées ou en conserve. Toutefois, la saveur est bien meilleure si vous faites rôtir environ 1,25 litre (5 tasses) de châtaignes italiennes à 200 °C (400 °F) pendant 15 min, puis vous les pelez et les hachez. Garnissez de ciboulette ciselée.

3 c. à soupe de beurre
375 ml (1 ½ tasse) d'oignons hachés
250 ml (1 tasse) de céleri haché
500 ml (2 tasses) de châtaignes pelées, dégelées au besoin
875 ml à 1 litre (3 ½ à 4 tasses) de bouillon de poulet ou
   de légumes
250 ml (1 tasse) de sauce alfredo réfrigérée ou en bocal
115 g (¼ lb) de champignons cremini tranchés, hachés
3 tranches (20 g ou ¾ oz) de bacon précuit, haché finement

Faire fondre 2 c. à soupe de beurre dans une grande casserole à feu moyen. Ajouter les oignons et le céleri et faire revenir environ 5 min, jusqu'à ce qu'ils soient ramollis. Ajouter les châtaignes et 875 ml (3 ½ tasses) de bouillon. Porter à ébullition à feu vif, puis réduire le feu à moyen-doux et laisser mijoter 25 à 30 min, jusqu'à ce que les châtaignes soient tendres lorsqu'on les pique avec une fourchette. Réduire en purée à l'aide d'un mélangeur à main, d'un mélangeur ou d'un robot culinaire (en petites quantités au besoin). Retourner la soupe à la casserole et incorporer la sauce alfredo. Faire chauffer 2 à 3 min de part en part à feu doux. Ajouter du bouillon si la soupe est trop épaisse.

Entre-temps, faire fondre la c. à soupe de beurre restant dans une poêle moyenne à feu moyen. Ajouter le bacon et cuire 2 min, jusqu'à ce qu'il grésille. Ajouter les champignons et cuire 3 à 4 min, jusqu'à ce qu'ils rendent leur jus et que la poêle se dessèche.

Loucher la soupe dans des bols et garnir du mélange de champignons et de bacon.

Préparation = 5 min **Cuisson** = 35 min (sans surveillance pour la plupart)
Rendement = 4 portions

Bouillon aux tortellinis et au pesto

*Si le mauvais temps vous déprime,
celle soupe fumante vous réconfortera. C'est un
peu comme une soupe poulet et nouilles mais en
remplaçant les nouilles par des tortellinis. La soupe
est en bonne partie un bouillon ; il faut donc utiliser
un bouillon de la meilleure qualité (maison de préférence).
Si vous voulez, vous pouvez faire revenir des poitrines
de poulet hachées finement avec les légumes.*

1 c. à soupe d'huile d'olive
125 ml (½ tasse) d'oignons hachés, hachés finement
125 ml (½ tasse) de carottes hachées, hachées finement
125 ml (½ tasse) de céleri haché, haché finement
2 litres (8 tasses) de bouillon de poulet ou de légumes
560 g (1 ¼ lb) de tortellinis réfrigérés ou surgelés au fromage
75 ml (⅓ tasse) de pesto au basilic réfrigéré ou en bocal

Faire chauffer l'huile dans une grande casserole à feu moyen. Ajouter les oignons, les carottes et le céleri et faire revenir 4 à 5 min, jusqu'à ce que les légumes soient tendres à peine. Verser le bouillon et porter à ébullition à feu vif. Ajouter les tortellinis et bouillir 3 à 5 min, jusqu'à ce qu'ils soient chauffés de part en part (ils flottent à la surface). Incorporer le pesto et loucher dans des bols à soupe peu profonds.

Préparation = 3 min **Cuisson** = 8 min
Rendement = 4 à 6 portions

Chaudrée de pétoncles et de maïs

Pour une version plus sophistiquée de ce plat digne des réceptions, remplacez la moitié des pétoncles par des crevettes moyennes crues décortiquées. Parsemez chaque assiette de bacon émietté.

750 ml (3 tasses) de grains de maïs surgelés
125 ml (½ tasse) d'oignons verts, hachés
1 c. à soupe de beurre
1 c. à café (1 c. à thé) d'assaisonnement pour volaille
¼ c. à café (¼ c. à thé) de piment fort rouge moulu
500 ml (2 tasses) de sauce alfredo réfrigérée ou en bocal
500 ml (2 tasses) de bouillon de poisson ou de légumes
455 g (1 lb) de pétoncles de baie
60 ml (¼ tasse) de persil haché

Dans une grande marmite à feu moyen, combiner le maïs, les oignons verts, le beurre, l'assaisonnement pour volaille et le piment. Cuire environ 4 min en remuant à l'occasion, jusqu'à ce que l'arôme se dégage. Ajouter la sauce et le bouillon et augmenter le feu à vif. Cuire environ 2 min en remuant à l'occasion, jusqu'à ce que le mélange soit chaud. Ajouter les pétoncles et le persil. Cuire environ 3 min, jusqu'à ce que les pétoncles soient opaques.

Préparation = 5 min   **Cuisson** = 10 min   **Rendement** = 4 à 6 portions

Ragoût de fruits de mer catalan

Ce ragoût s'inspire des mets maritimes de la Costa del Sol et se prépare rapidement en utilisant des légumes préparés et une sauce tomate. On peut même le faire par étapes, une solution idéale pour recevoir des invités. Cuisinez la soupe de base des heures ou des jours à l'avance, puis réchauffez-la doucement, en ajoutant les fruits de mer juste avant de servir. Utilisez un poisson à flocons moyens ou gros tel que la morue, le flétan ou la coryphène.

2 c. à soupe d'huile d'olive

175 ml (¾ tasse) d'oignons hachés

175 ml (¾ tasse) de poivrons tricolores hachés

125 ml (½ tasse) de céleri haché

1 c. à soupe d'ail émincé conservé dans l'huile

125 ml (½ tasse) de vin blanc sec

500 ml (2 tasses) de sauce tomate réfrigérée ou en bocal aux
   morceaux de légumes

500 ml (2 tasses) d'eau

24 palourdes du Pacifique

455 g (1 lb) de filets de poisson à chair blanche, coupés en
   morceaux de 1 cm (½ po)

16 crevettes moyennes, décortiquées (115 g ou ¼ lb)

125 ml (½ tasse) d'olives vertes, tranchées

60 ml (¼ tasse) de persil frais, haché

½ c. à café (½ c. à thé) de flocons de piment fort

Faire chauffer l'huile dans une grande marmite à feu moyen-vif. Ajouter les oignons, les poivrons, le céleri et l'ail. Faire revenir environ 5 min en remuant à l'occasion, jusqu'à ce qu'ils soient ramollis. Ajouter le vin et cuire environ 4 min, jusqu'à évaporation presque complète du liquide. Ajouter la sauce, l'eau et les palourdes. Faire mijoter le mélange sans tarder. Cuire environ 4 min, jusqu'à ce que les palourdes commencent à ouvrir. Ajouter le poisson et les crevettes. Réduire le feu pour obtenir un doux bouillottement. Couvrir et cuire environ 8 min en remuant à l'occasion, jusqu'à ce que le poisson et les crevettes soient opaques et les palourdes ouvertes. Jeter toute palourde non ouverte. Incorporer les olives, le persil et le piment fort.

Préparation = 5 min   **Cuisson** = 20 min   **Rendement** = 4 à 6 portions

Soupe mexicaine au poulet et aux tortillas

Si vous avez fait rôtir un poulet, utilisez les restes dans cette recette, en y ajoutant les tortillas en miettes au fond du sac. Sinon, achetez un poulet de rôtisserie, jetez la peau et les os et émincez la viande. Vous pouvez ajouter de la coriandre fraîche hachée aux garnitures proposées ci-dessous.

2 c. à soupe d'huile d'olive
500 ml (2 tasses) d'oignons hachés
1 c. à soupe d'ail émincé conservé dans l'huile
1 c. à soupe de piment ancho moulu
1 litre (4 tasses) de tortillas cassées
1,5 litre (6 tasses) de bouillon de poulet
375 ml (1 ½ tasse) de sauce marinara réfrigérée ou en bocal
500 ml (2 tasses) de poulet cuit, émincé
375 ml (1 ½ tasse) de fromage Monterey Jack râpé en filaments
1 avocat mûr, pelé, dénoyauté et haché finement
1 lime, coupée en quartiers minces

Faire chauffer l'huile dans une grande casserole à feu moyen-vif. Ajouter les oignons et cuire environ 4 min, jusqu'à ce qu'ils soient dorés. Ajouter l'ail et le piment ancho et cuire 1 min. Ajouter 500 ml (2 tasses) de tortillas, le bouillon et la sauce tomate. Porter à ébullition à feu vif, puis réduire le feu à moyen-doux et laisser mijoter 15 à 20 min jusqu'à ce que les tortillas soient très molles.

Réduire en purée à l'aide d'un mélangeur à main, d'un mélangeur ou d'un robot culinaire (en petites quantités au besoin). Retourner la soupe à la casserole à feu moyen. Ajouter le poulet et faire chauffer 2 min de part en part.

Servir la soupe dans des bols et garnir des tortillas restantes, du fromage et de l'avocat. Servir avec des quartiers de lime.

Préparation = 7 min   **Cuisson** = 25 min   **Rendement** = 4 à 6 portions

Soupe au poulet et aux arachides

Les arachides sont très appréciées dans les Caraïbes et le sud des États-Unis et servent à bien d'autres choses qu'à grignoter. Dans cette recette, elles constituent la base onctueuse d'une soupe rassasiante. Si vous êtes pressé et n'avez pas de restes de poulet, achetez un petit poulet de rôtisserie, jetez la peau et les os et coupez la viande en cubes. Garnissez la soupe d'oignons verts hachés et d'arachides grillées broyées.

2 c. à soupe d'huile d'arachide ou végétale
375 ml (1 ½ tasse) d'oignons hachés
250 ml (1 tasse) de céleri haché
125 ml (½ tasse) de poivrons rouges hachés
750 ml à 1 litre (3 à 4 tasses) de bouillon de poulet
250 ml (1 tasse) de sauce tomate réfrigérée ou en bocal à la vodka
250 ml (1 tasse) de beurre d'arachides
¼ à ½ c. à café (¼ à ½ c. à thé) de poivre de Cayenne moulu
500 ml (2 tasses) de poulet cuit en cubes

Préparation = 2 min   **Cuisson** = 13 min   **Rendement** = 4 portions

Ragoût de dinde et de maïs lessivé

Voici le ragoût américain classique à la mode du Sud-Ouest, avec de la dinde, des piments et du maïs lessivé à la place du poulet, des haricots de Lima et du maïs habituels. Le maïs lessivé est un maïs séché et traité avec un alcalin comme la soude caustique pour écosser les grains. La plupart des épiceries le tiennent au rayon des légumes en conserve.

2 c. à soupe d'huile d'olive
625 ml (2 ½ tasses) d'oignons hachés
375 ml (1 ½ tasse) de poivrons verts hachés
1 c. à soupe d'ail émincé conservé dans l'huile
1 c. à soupe de piment ancho moulu
1 c. à café (1 c. à thé) de thym séché
2 kg (4 lb) de morceaux de dinde avec les os sans la peau
   (les hauts de cuisse de préférence)
500 ml (2 tasses) de sauce marinara réfrigérée ou en bocal
500 à 750 ml (2 à 3 tasses) de bouillon de dinde ou poulet
1 boîte (738 ml ou 26 oz) de maïs lessivé
3 c. à soupe de sauce Worcestershire

Faire chauffer l'huile dans un grand faitout ou une casserole épaisse à feu moyen. Ajouter les oignons et les poivrons et faire revenir 4 à 6 min, jusqu'à ce qu'ils soient ramollis. Ajouter l'ail, le piment ancho et le thym et cuire 1 min. Ajouter la dinde, la sauce tomate, 500 ml (2 tasses) de bouillon, le maïs lessivé et la sauce Worcestershire. Porter à ébullition à feu vif, puis réduire le feu à moyen-doux, couvrir et laisser mijoter environ 30 min, jusqu'à ce que la dinde soit cuite de part en part et ait perdu sa teinte rosée. Ajouter du bouillon au besoin pour couvrir la viande.

Transférer la dinde sur une planche à couper et séparer la viande des os à l'aide d'une fourchette ou des doigts (la viande se déchiquettera facilement). Jeter les os et retourner la viande déchiquetée dans la casserole. Faire chauffer 1 min de part en part.

Préparation = 8 min   **Cuisson** = 40 min   **Rendement** = 6 portions

Ragoût d'agneau aux aubergines et aux courgettes

680 g (1 ½ lb) de gigot d'agneau désossé, en cubes
1 c. à café (1 c. à thé) de poivre au citron
1 c. à soupe d'huile d'olive
750 ml (3 tasses) d'oignons hachés
1 c. à soupe d'ail émincé conservé dans l'huile
500 à 750 ml (2 à 3 tasses) de sauce marinara réfrigérée
     ou en bocal
3 feuilles de laurier
1 c. à café (1 c. à thé) de romarin séché, broyé
1 pomme de terre moyenne à bouillir, hachée
2 courgettes moyennes, hachées
1 petite aubergine, pelée et hachée

Préchauffer le four à 180 °C (350 °F).

Assaisonner l'agneau de poivre au citron de tous côtés. Faire chauffer l'huile dans un faitout ou une grande marmite allant au four à feu moyen-vif. Ajouter l'agneau (en petites quantités au besoin pour éviter de trop tasser) et cuire 3 à 4 min, jusqu'à ce qu'il soit doré de tous côtés. Réserver sur une assiette et couvrir pour garder au chaud.

Ajouter les oignons à la marmite et faire revenir environ 4 min, jusqu'à ce qu'ils soient dorés. Ajouter l'ail et cuire 1 min. Incorporer 500 ml (2 tasses) de sauce tomate, les feuilles de laurier et le romarin et laisser mijoter. Racler la sauce sur les côtés et retourner l'agneau à la marmite avec son jus. Étaler la pomme de terre, les courgettes et l'aubergine en couches par-dessus l'agneau. Napper les légumes généreusement de sauce tomate. Couvrir et cuire au four 2 à 2 h 30, jusqu'à ce que l'agneau et les légumes soient très tendres. Ajouter de la sauce tomate au besoin de manière à maintenir le liquide à mi-hauteur de la viande et des légumes. Enlever les feuilles de laurier avant de servir.

Préparation = 7 min **Cuisson** = 2 à 2 h 30 (sans surveillance pour la plupart)
Rendement = 4 à 6 portions

 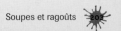

Bœuf au chili

*On plonge dans ce bœuf au chili chaud
et épicé comme on glisse dans son fauteuil préféré :
c'est un plat éminemment réconfortant !*

2 c. à soupe d'huile d'olive

500 ml (2 tasses) de poivrons multicolores hachés

375 ml (1 ½ tasse) d'oignons hachés

2 piments Jalapeño, émincés

680 g (1 ½ lb) de bœuf d'intérieur de ronde, haché grossièrement

1 c. à soupe de chili en poudre

1,1 kg (4 ½ lb) de sauce tomate réfrigérée ou en bocal à la viande

875 ml (3 ½ tasses) de bouillon de bœuf ou eau

250 ml (1 tasse) de coriandre fraîche, hachée

125 ml (½ tasse) de crème sure

Faire chauffer l'huile dans une marmite à feu moyen-vif. Incorporer les poivrons, les oignons et la moitié des piments Jalapeño. Couvrir et cuire environ 5 min en remuant à l'occasion, jusqu'à ce que les légumes soient dorés. Racler les légumes sur le côté et ajouter le bœuf et le chili en poudre. Cuire environ 5 min en remuant à l'occasion, jusqu'à ce que le bœuf perde sa teinte rosée. Incorporer la sauce et le bouillon ou l'eau. Cuire environ 10 min à feu moyen-doux en couvrant partiellement, jusqu'à ce que les saveurs s'amalgament.

Servir accompagné de la coriandre fraîche, de la crème sure et des piments Jalapeño restants.

Préparation = 5 min   **Cuisson** = 20 min   **Rendement** = 4 à 6 portions

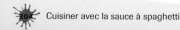

Ragoût de bœuf classique

Pour préparer ce ragoût dans une mijoteuse, faites revenir le bœuf dans une poêle, puis transférez-le dans la mijoteuse. Faire revenir les oignons, le céleri et les carottes et l'ail et ajoutez-les à la mijoteuse avec les autres ingrédients (y compris les pommes de terre). Cuisez 8 h à puissance faible ou 4 à 5 h à puissance élevée, jusqu'à ce que la viande soit tendre lorsqu'on la pique avec une fourchette. Servez avec du pain croûté.

1 kg (2 lb) d'épaule de bœuf, en cubes
sel et poivre noir moulu
1 c. à café (1 c. à thé) de thym séché
125 ml (½ tasse) de farine tout usage non blanchie
2 c. à soupe d'huile d'olive
375 ml (1 ½ tasse) d'oignons hachés
175 ml (¾ tasse) de céleri haché
625 ml (2 ½ tasses) de carottes miniatures
1 c. à café (1 c. à thé) d'ail émincé conservé dans l'huile
375 à 500 ml (1 ½ à 2 tasses) de bouillon de bœuf ou vin rouge
**   sec (ou un mélange des deux)**
1 c. à soupe de sauce Worcestershire
2 feuilles de laurier
3 pommes de terre moyennes à bouillir, pelées et hachées

Préparation = 8 min   **Cuisson** = 2 à 2 h 30 (sans surveillance pour la plupart)
Rendement = 6 à 8 portions

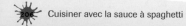

Assaisonner légèrement le bœuf avec le sel, le poivre et le thym. Rouler dans la farine.

Faire chauffer l'huile dans un faitout ou une grande casserole à feu moyen-vif. Ajouter le bœuf (en petites quantités au besoin pour éviter de trop tasser) et cuire 4 à 5 min, jusqu'à ce qu'il soit doré de tous côtés. Réserver sur une assiette et couvrir pour garder au chaud.

Jeter tout le gras dans la casserole sauf 2 c. à soupe. Ajouter les oignons et le céleri et cuire environ 5 min, jusqu'à ce qu'ils soient ramollis. Hacher 125 ml (½ tasse) de carottes et ajouter à la casserole avec l'ail. Cuire 2 min. Retourner la viande à la casserole et ajouter 375 ml (1 ½ tasse) de bouillon ou de vin, la sauce tomate, la sauce Worcestershire et les feuilles de laurier. Porter à ébullition à feu vif. Réduire le feu à moyen-doux, couvrir et laisser mijoter doucement 1 ½ à 2 h, jusqu'à ce que la viande soit tendre lorsqu'on la pique avec une fourchette. Ajouter les pommes de terre et les 500 ml (2 tasses) de carottes restantes. Ajouter du bouillon ou du vin au besoin de manière à maintenir le niveau de liquide à mi-hauteur de la viande et des légumes. Couvrir et laisser mijoter doucement environ 40 min, jusqu'à tendreté des légumes. Écumer l'excès de gras. Retirer les feuilles de laurier avant de servir.

Ragoût marocain aux pois chiches

*La harissa, un condiment relevé à base
de piment chili, constitue l'accompagnement
authentique de ce consistant repas végétarien.
On peut le trouver dans les supermarchés bien garnis.
Sinon, on peut utiliser une sauce asiatique au piment chili
et à l'ail. Servez sur un lit de couscous instantané
pour éponger la délicieuse sauce.*

60 ml (¼ tasse) d'huile d'olive
500 ml (2 tasses) de courgettes, coupées en bouchées
250 ml (1 tasse) d'oignons hachés
250 ml (1 tasse) de poivrons tricolores hachés
**250 ml (1 tasse) de carottes miniatures, coupées en petits
morceaux**
2 c. à café (2 c. à thé) de cumin moulu
1 c. à café (1 c. à thé) de coriandre moulue
2 boîtes (426 ml ou 15 oz) de pois chiches, égouttés et rincés
**375 ml (1 ½ tasse) de sauce tomate réfrigérée ou en bocal aux
morceaux de légumes**
125 ml (½ tasse) d'eau
125 ml (½ tasse) de coriandre fraîche, hachée
harissa ou sauce asiatique au piment chili et à l'ail

Faire chauffer l'huile dans une grande poêle à feu moyen-vif. Ajouter
les courgettes, les oignons, les poivrons, les carottes, le cumin et la
coriandre. Remuer pour enrober les légumes d'huile. Couvrir et cuire
5 min, jusqu'à ce que les légumes soient dorés. Réduire le feu si le
mélange cuit trop rapidement. Ajouter les pois chiches, la sauce,
l'eau et la coriandre. Remuer et cuire environ 5 min, jusqu'à cc que
le mélange soit chauffé. Servir accompagné de la harissa ou la sauce
asiatique au piment chili et à l'ail.

Préparation = 3 min **Cuisson** = 8 min **Rendement** = 4 à 6 portions

Plats d'accompagnement, salades et hors-d'œuvre

Champignons portobello gratinés farcis aux épinards

Les gros chapeaux des champignons portobello font de délicieux réceptacles pour toutes sortes de farces. On les fait cuire au four, mais vous pouvez également les griller dans un gril préchauffé avec le couvercle baissé.

8 gros chapeaux de champignons portobello, les queues enlevées (455 g ou 1 lb au total)
2 c. à soupe de beurre
60 ml (¼ tasse) d'oignons hachés, émincés
340 g (¾ lb) de jeunes pousses d'épinards en sac
375 ml (1 ½ tasse) de sauce alfredo réfrigérée ou en bocal, en deux parts
125 ml (½ tasse) de fromage parmesan râpé
125 ml (½ tasse) de chapelure
¼ c. à café (¼ c. à thé) de muscade moulue
¼ c. à café (¼ c. à thé) de poivre noir moulu

Préchauffer le four à 190 °C (375 °F). Vaporiser une plaque à pâtisserie d'huile végétale. Disposer les champignons sur la plaque côté lisse vers le bas. Réserver.

Dans une grande poêle, faire fondre le beurre à feu moyen-doux. Ajouter les oignons et cuire environ 1 min en remuant, jusqu'à ce qu'ils dégagent leur arôme. Ajouter les épinards et augmenter le feu à vif. Remuer environ 2 min, jusqu'à ce qu'ils soient flétris. Incorporer 300 ml (1 ¼ tasse) de sauce, le fromage, la chapelure, la muscade et le poivre. Remplir les chapeaux de champignon du mélange aux épinards de façon à couvrir la surface uniformément. Compléter avec les 60 ml (¼ tasse) de sauce restante. Cuire au four environ 20 min, jusqu'à ce qu'ils soient bouillonnants et dorés.

Préparation = 10 min   **Cuisson** = 20 min, plus 10 min de temps de repos
Rendement = 4 à 6 portions

Biscuits crémeux au parmesan

*Pour obtenir une garniture croûtée, saupoudrez
quelques c. à soupe de parmesan râpé
sur les biscuits avant de les passer au four.
Le thym séché ou l'aneth (environ 1 c. à café
ou 1 c. à thé) parfume agréablement ce mets.*

625 ml (2 ½ tasses) de farine tout usage
625 ml (2 ½ tasses) de levure chimique
½ c. à café (½ c. à thé) de sel
325 ml (1 ⅓ tasse) de sauce alfredo réfrigérée ou en bocal
75 ml (⅓ tasse) de lait

Préchauffer le four à 230 °C (450 °F). Mélanger 560 ml (2 ¼ tasses)
de farine, la levure chimique et le sel dans un grand bol. Fouetter
la sauce alfredo et le lait et ajouter au bol. Remuer avec une grande
cuillère, jusqu'à ce que la pâte soit à peine humectée et forme à
peine une boule (elle sera grumeleuse). Fariner une surface de
travail et les mains avec les 60 ml (¼ tasse) de farine restante.
Avec les mains, presser et façonner la pâte en une boule dans le bol.
Vider sur la surface de travail farinée. Presser et façonner la pâte
rapidement et délicatement en un cercle d'une épaisseur de 1 cm
(½ po). Tremper un emporte-pièce ou un verre dans la farine.
Découper les biscuits en un mouvement parfaitement vertical en
évitant de tourner. Refariner l'emporte-pièce entre les découpes.
Réunir les retailles délicatement pour faire 1 ou 2 biscuits
supplémentaires.

   Mettre les biscuits sur une plaque à pâtisserie et cuire 10 à
12 min, jusqu'à ce qu'ils aient levé et soient dorés sur le dessus.

Préparation = 10 min   **Cuisson** = 10 min   **Rendement** = 8 biscuits

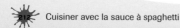

Salade de riz romaine

Les cuisiniers de la Ville éternelle combattent la chaleur étouffante de l'été à l'aide de ce plat principal rafraîchissant.

75 ml (⅓ tasse) de pesto au basilic réfrigéré ou en bocal
3 c. à soupe d'huile d'olive, extra-vierge de préférence
2 c. à soupe de vinaigre de vin rouge ou blanc
1 c. à café (1 c. à thé) de poivre noir moulu
1 litre (4 tasses) de riz blanc ou brun cuit, refroidi
250 ml (1 tasse) de tomates fraîches, coupées en dés
250 ml (1 tasse) de petits pois surgelés, rincés
175 ml (¾ tasse) d'oignons doux ou rouges, hachés finement
175 ml (¾ tasse) de fromage provolone râpé
125 ml (½ tasse) de céleri haché, haché très finement

Dans un grand bol, combiner le pesto, l'huile, le vinaigre et le poivre. Fouetter pour mélanger. Ajouter le riz, les tomates, les pois, les oignons, le fromage et le céleri et mélanger. Servir immédiatement ou réfrigérer jusqu'à 2 jours.

Préparation = 5 min   **Rendement** = 4 à 6 portions

Purée de pommes de terre crémeuse

*Une purée de pommes de terre au fromage
n'a jamais été si simple. Pour varier le goût,
ajoutez de l'ail rôti ou quelques filaments de safran.
Ou remplacez 225 g (½ lb) de pommes de terre par des
navets et préparez-les comme les pommes de terre.*

**680 g (1 ½ lb) de pommes de terre à chair jaune (4 à 6
moyennes), pelées et hachées grossièrement
175 à 250 ml (¾ à 1 tasse) de sauce alfredo réfrigérée
ou en bocal
4 c. à soupe de beurre
sel et poivre noir moulu**

Mettre les pommes de terre dans une grande casserole et couvrir
d'eau froide. Porter à ébullition à feu vif, puis réduire le feu à moyen
et laisser mijoter 12 à 15 min, jusqu'à ce que les pommes de terre
soient tendres lorsqu'on les pique avec une fourchette.

Entre-temps, faire chauffer 175 ml (¾ tasse) de sauce alfredo et
le beurre dans un four à micro-ondes ou une petite casserole à feu
moyen-doux 1 à 3 min, jusqu'à ce que le beurre fonde.

Égoutter les pommes de terre et les réduire en purée dans
la casserole à l'aide d'un pilon ou d'un mélangeur à main. Incorporer
le mélange de sauce alfredo et de beurre en pilant. Ajouter de
la sauce alfredo au besoin pour éclaircir. Assaisonner légèrement.

Préparation = 8 min   **Cuisson** = 15 min   **Rendement** = 4 à 6 portions

Pommes de terre rôties au pesto et aux petits pois

*Lorsqu'elles sont correctement rôties,
les pommes de terre nouvelles n'ont vraiment
pas besoin de garniture, mais le pesto et les petits pois
les rendent encore plus attrayantes.*

**680 g (1 ½ lb) de petites pommes de terre rouges, non pelées,
coupées en deux (ou en quatre pour les plus grosses)**
2 c. à soupe d'huile d'olive
sel et poivre noir moulu
225 g (½ lb) de petits pois frais ou surgelés
125 ml (½ tasse) de pesto au basilic réfrigéré ou en bocal

Préchauffer le four à 230 °C (450 °F).

Placer les pommes de terre sur une grande plaque à pâtisserie à rebord et arroser d'huile. Saler et poivrer généreusement. Remuer la plaque pour enduire les pommes de terre également. Disposer les pommes de terre côté coupé vers le bas.

Faire rôtir sans tourner 15 à 20 min, jusqu'à ce que les pommes de terre soient presque tendres lorsqu'on les pique avec une fourchette et très dorées sur le dessous. Racler les pommes de terre avec une spatule en métal pour les décoller de la plaque. Éparpiller les pois sur la plaque et faire rôtir 2 à 3 min de plus. Verser plusieurs cuillérées de pesto en divers endroits sur les pommes de terre et les pois. Gratter et remuer à l'aide de la spatule pour enduire également.

Préparation = 5 min   **Cuisson** = 20 min   **Rendement** = 4 à 6 portions

Betteraves rôties, sauce alfredo

Les betteraves rouges avec la sauce alfredo blanche de ce plat d'accompagnement simple produisent de beaux filets roses. Si vous avez encore les tiges, faites-les sauter dans de l'huile d'olive avec un peu d'ail, des flocons de piment fort, du sel et du poivre. Servez-les comme deuxième plat d'accompagnement.

680 g (1 ½ lb) de betteraves fraîches (environ 6 moyennes)
sel et poivre noir moulu
zeste râpé d'une demi-orange
pincée de muscade moulue (facultatif)
300 ml (1 ¼ tasse) de sauce alfredo réfrigérée ou en bocal

Préchauffer le four à 200 °C (400 °F).

Brosser les betteraves, puis retrancher les tiges en laissant 2,5 cm (1 po) de tige intacte. Envelopper les betteraves individuellement dans une double épaisseur de papier d'aluminium. Placer les betteraves enveloppées sur une plaque à pâtisserie et faire rôtir 50 à 55 min, jusqu'à ce qu'elles soient tendres lorsqu'on les pique avec une fourchette. Laisser refroidir suffisamment pour les manipuler, puis déballer et retirer les queues et les tiges. Peler en frottant les peaux. Trancher les betteraves en tranches de 0,5 cm (¼ po).

Réduire la température du four à 180 °C (350 °F). Disposer les tranches de betteraves en couches superposées dans quatre ramequins ou petits plats de cuisson ou dans une cocotte de 1 litre (4 tasses). Assaisonner légèrement et saupoudrer de zeste d'orange et de muscade (le cas échéant). Verser la sauce alfredo par-dessus. Cuire au four 8 à 10 min (davantage si un seul grand plat est utilisé), jusqu'à ce que la sauce soit chaude et bouillonnante.

Préparation = 15 min   **Cuisson** = 60 min   **Rendement** = 4 portions

Choux de Bruxelles gratinés au bacon

*Ne vous laissez pas convaincre d'omettre le vin,
le xérès ou le vinaigre de vin dans cette recette.
Une c. à soupe suffit pour équilibrer l'amertume
des choux s'ils sont de qualité inférieure, et
la vapeur dégagée aide à les ramollir.*

680 g (1 ½ lb) de choux de Bruxelles, parés et coupés en deux
3 c. à soupe d'huile d'olive
sel et poivre noir moulu
125 ml (½ tasse) de pancetta ou poitrine fumée, hachée
1 c. à soupe de vin blanc, xérès ou vinaigre de vin blanc
500 ml (2 tasses) de sauce alfredo réfrigérée ou en bocal
1 tranche de pain sandwich

Préchauffer le four à 230 °C (450 °F).

Placer les choux de Bruxelles sur une grande plaque à pâtisserie à rebord et arroser de 2 c. à soupe d'huile. Assaisonner légèrement. Remuer la plaque pour enduire les choux également. Disposer les choux côté coupé vers le bas.

Faire rôtir sans tourner environ 15 min, jusqu'à ce que les choux soient presque tendres lorsqu'on les pique avec une fourchette et très dorés sur le dessous. Saupoudrer la plaque de pancetta ou bacon et faire rôtir 8 à 10 min, jusqu'à ce qu'il grésille et que les choux soient tendres lorsqu'on les pique avec une fourchette. Arroser de vin ou de vinaigre et racler avec une spatule de métal pour décoller les choux. Remuer la plaque pour enduire uniformément les côtés.

Entre-temps, mettre le pain dans un robot culinaire en retirant le couvercle de l'entonnoir. Actionner pour réduire en miettes ; pendant que le moteur est encore en marche, arroser avec la c. à soupe d'huile restante et assaisonner.

Réduire la température du four à 190 °C (375 °F). Verser le contenu de la plaque dans un plat de cuisson de 27,5 x 17,5 cm (11 x 7 po) ou autre plat de 1,5 litre (6 tasses). Verser la sauce alfredo par-dessus et saupoudrer de chapelure. Cuire au four 10 à 15 min, jusqu'à ce que la sauce soit chaude et bouillonnante.

Préparation = 12 min   **Cuisson** = 40 min   **Rendement** = 4 portions

Légumes au cari, sauce crémeuse aux cajous

Malgré la longue liste d'ingrédients, ce plat se met sur la table en seulement 30 min. De plus, il est si consistant qu'il peut être servi comme plat principal végétarien accompagné de riz et de naan ou pain pita. Garnissez-le de quelques morceaux de cajou pour ajouter du croquant. Vous trouverez le beurre de cajou avec le beurre d'arachide à votre supermarché ou dans un magasin d'alimentation naturelle. Si vous n'en trouvez pas, broyez 125 ml (½ tasse) de cajous dans un robot culinaire avec les 60 ml (¼ tasse) d'eau de la recette.

340 g (¾ lb) de pommes de terre à bouillir (environ 3 moyennes), pelées et coupées en morceaux de 1 cm (½ po)
125 ml (½ tasse) de fleurons de chou-fleur
125 ml (½ tasse) de carottes hachées
125 ml (½ tasse) de haricots verts frais ou surgelés, en longueurs de 2,5 cm (1 po)
125 ml (½ tasse) de petits pois surgelés
1 c. à soupe de beurre
125 ml (½ tasse) d'oignons hachés
2 c. à café (2 c. à thé) d'ail émincé conservé dans l'huile
1 c. à café (1 c. à thé) de gingembre frais râpé réfrigéré
1 c. à café (1 c. à thé) de garam masala
⅛ à ¼ c. à café (⅛ à ¼ c. à thé) de poivre de Cayenne
250 ml (1 tasse) de sauce alfredo réfrigérée ou en bocal
125 ml (½ tasse) de sauce tomate réfrigérée ou en bocal à l'ail et aux oignons
125 ml (½ tasse) de beurre de cajou
60 à 125 ml (¼ à ½ tasse) d'eau

Préparation = 5 min   **Cuisson** = 25 min   **Rendement** = 4 à 6 portions

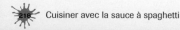

Placer les pommes de terre dans un panier de marmite à vapeur remplie d'eau bouillante. Couvrir et cuire à l'étuvée 5 min à feu moyen. Ajouter le chou-fleur et les carottes et cuire 5 min de plus. Ajouter les haricots verts et les petits pois et cuire environ 2 min de plus jusqu'à tendreté de tous les légumes.

Entre-temps, faire fondre le beurre dans une grande poêle profonde ou casserole moyenne à feu moyen. Ajouter les oignons et faire revenir 3 à 4 min, jusqu'à ce qu'ils soient ramollis. Ajouter l'ail, le gingembre, le garam masala et le poivre de Cayenne et cuire 1 min. Ajouter la sauce alfredo, la sauce tomate, le beurre de cajou et 60 ml (¼ tasse) d'eau en mélangeant. Cuire 5 à 7 min, jusqu'à ce que les saveurs soient amalgamées. Ajouter quelques c. à soupe d'eau au besoin pour éclaircir la sauce.

Ajouter les légumes à la sauce et faire chauffer 3 à 5 min de part en part.

Chou-fleur frit
à la turque,
sauce tomate et menthe

Une sauce marinara ordinaire devient tout à coup
intéressante avec l'ajout de menthe fraîche
et d'un peu de cannelle.

SAUCE

375 ml (1 ½ tasse) de sauce marinara réfrigérée ou en bocal

3 c. à soupe de menthe fraîche, ciselée

¼ c. à café (¼ c. à thé) de cannelle moulue

¼ c. à café (¼ c. à thé) de poivre noir moulu

CHOU-FLEUR

3 sacs (225 g ou ½ lb chacun) de fleurons de chou-fleur

125 ml (½ tasse) d'eau

60 ml (¼ tasse) d'huile d'olive, extra-vierge de préférence

1 c. à soupe d'ail émincé conservé dans l'huile

¼ c. à café (¼ c. à thé) de sel

2 c. à soupe de chapelure

125 ml (½ tasse) de Kasserie ou un mélange de fromage
parmesan et romano, râpé

Préparation = 5 min   **Cuisson** = 10 min   **Rendement** = 4 à 6 portions

---

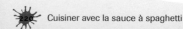

POUR LA SAUCE

Dans une casserole, combiner la sauce, la menthe, la cannelle et le poivre. Couvrir et laisser mijoter 6 à 8 min à feu doux, jusqu'à ce que les saveurs soient amalgamées.

POUR LE CHOU-FLEUR

Dans une grande poêle à feu moyen-vif, combiner le chou-fleur, l'eau, l'huile, l'ail et le sel. Couvrir et cuire environ 8 min en remuant à l'occasion, jusqu'à évaporation de l'eau. Découvrir et ajouter la chapelure. Cuire environ 2 min en remuant, jusqu'à ce que le tout soit doré et tendre. Retirer du feu. Ajouter le fromage et remuer pour enrober. Servir avec la sauce en accompagnement.

Pouding au maïs du Sud-Ouest

Ce plat d'accompagnement crémeux se prépare tout seul ou presque. On peut même le préparer et le réfrigérer d'avance et le faire cuire plus tard. Il est délicieux avec du poulet rôti ou des côtes de porc.

250 ml (1 tasse) de sauce au fromage cheddar réfrigérée ou en bocal
2 œufs
¾ c. à café (¾ c. à thé) de chili en poudre
¾ c. à café (¾ c. à thé) de cumin moulu
1 sac (455 g ou 1 lb) de grains de maïs surgelés, dégelés
125 ml (½ tasse) d'oignons hachés, émincés

Préchauffer le four à 180 °C (350 °F). Vaporiser d'huile végétale un plat de cuisson de 20 x 20 cm (8 x 8 po). Réserver.

Dans un bol, combiner la sauce, les œufs, le chili en poudre et le cumin. Battre avec une fourchette, jusqu'à ce que le mélange soit lisse. Ajouter le maïs et les oignons et mélanger. Verser dans le plat de cuisson préparé.

Cuire au four environ 45 min, jusqu'à ce que le plat soit doré et pris.

Préparation = 5 min   **Cuisson** = 45 min   **Rendement** = 6 portions

Provolone frit avec trempette épicée

TREMPETTE

1 c. à soupe d'huile d'olive

375 ml (1 ½ tasse) d'oignons hachés

250 ml (1 tasse) de sauce tomate réfrigérée ou en bocal à l'ail et aux oignons

½ c. à café (½ c. à thé) de flocons de piment fort

FROMAGE

175 ml (¾ tasse) de farine

250 ml (1 tasse) d'eau froide

375 ml (1 ½ tasse) d'huile végétale

340 g (¾ lb) de fromage provolone doux en bloc, coupé en bâtonnets de 1 cm (½ po)

6 quartiers de citron

POUR LA SAUCE

Faire chauffer l'huile d'olive dans une poêle moyenne à feu moyen-vif. Ajouter les oignons et faire revenir environ 4 min, jusqu'à ce qu'ils soient dorés et croustillants. Réduire le feu à doux. Incorporer la sauce et les flocons de piment fort. Laisser mijoter à feu doux pendant la préparation du fromage.

POUR LE FROMAGE

Mettre la farine dans un bol peu profond. Ajouter l'eau en fouettant sans cesse jusqu'à ce que le mélange soit lisse. Ajouter quelques gouttes d'eau au besoin pour obtenir la consistance d'une crème sure. Faire chauffer l'huile végétale dans une grande poêle à feu moyen-vif, jusqu'à ce qu'elle soit suffisamment chaude pour frire. Pour tester, tremper le manche d'une cuillère de bois dans l'huile ; l'huile devrait former des bulles autour du manche.

Tremper les bâtonnets de fromage dans la panure en secouant l'excédent. Plonger délicatement dans la friture. Faire frire en deux lots au besoin pour éviter de trop tasser. Faire frire environ 2 min en tournant une fois, jusqu'à ce que les bâtonnets soient dorés. Réserver sur des papiers essuie-tout pour égoutter. Servir immédiatement avec la trempette et les quartiers de citron.

Préparation = 5 min **Cuisson** = 10 min **Rendement** = 4 à 6 portions

Cocktail de crevettes chaudes

Ce cocktail chaud et épicé n'a rien d'ordinaire.
Pour le servir froid, mettez les crevettes et
la sauce au frais séparément.

1 citron, coupé en deux
175 ml (¾ tasse) de vin blanc
2 c. à soupe d'ail émincé conservé dans l'huile
455 g (1 lb) de grosses crevettes avec la queue, décortiquées
   et déveinées, dégelées au besoin
3 c. à soupe de beurre
250 ml (1 tasse) de sauce tomate réfrigérée ou en bocal à l'ail
   et aux oignons
60 ml (¼ tasse) de pâte de tomate
2 c. à soupe de raifort préparé
1 c. à café (1 c. à thé) de sauce Worcestershire
¼ à ½ c. à café (¼ à ½ c. à thé) de poivre de Cayenne
3 c. à soupe de persil frais, haché
sel

Préparation = 8 min (plus 1 à 4 h de macération) **Cuisson** = 18 min
Rendement = 4 portions

Presser le jus d'une moitié de citron dans un gros sac refermable en plastique. Ajouter le vin, l'ail et les crevettes en imbibant les crevettes de marinade. Sceller le sac en évacuant l'air et réfrigérer 1 à 4 h.

Verser le contenu du sac dans une grande poêle profonde. Ajouter le beurre et faire mijoter à feu moyen. Couvrir et laisser mijoter doucement 3 à 5 min en remuant la poêle de temps en temps, jusqu'à ce que les crevettes prennent une teinte rose clair.

À l'aide d'une cuillère à égoutter, retirer les crevettes et les réserver sur une assiette couverte pour les garder au chaud. Ajouter la sauce tomate, la pâte de tomate, le raifort, la sauce Worcestershire et le poivre de Cayenne à la poêle. Porter à ébullition à feu vif. Réduire le feu à moyen et laisser mijoter environ 10 min, jusqu'à consistance d'une sauce cocktail. Incorporer le persil et saler au goût. Laisser tiédir légèrement.

Répartir la sauce tiède dans quatre verres à margarita, verres à vin peu profonds, gobelets ou bols peu profonds. Accrocher les crevettes tièdes sur le rebord des verres ou bols. Couper la moitié de citron restante en quartiers pour servir avec le cocktail.

Fonduta à la fontina
et au taleggio

Les Italiens ont leur propre variante de la fondue appelée
fonduta. *Les jaunes d'œuf, le beurre, le fromage et la crème*
en font un plat incroyablement riche. L'huile de truffe
le transforme en mets exceptionnel. Vous trouverez de l'huile
de truffe blanche dans des boutiques gastronomiques, dont
plusieurs offrent un service de commande en ligne. Servez
la fonduta *sur un lit de riz ou en trempette avec des cubes*
de pain beurrés et grillés, des oignons cipollini,
des brocolis blanchis et des tomates cerise et raisin.

455 g (1 lb) de fontina italienne, hachée ou tranchée finement
225 g (½ lb) de fromage taleggio, haché finement
250 ml (1 tasse) de lait
250 ml (1 tasse) de sauce alfredo réfrigérée ou en bocal
4 c. à soupe de beurre
6 jaunes d'œuf
1 à 2 c. à soupe d'huile de truffe (facultatif)
pincée de sel

Préparation = 10 min   **Cuisson** = 18 min
Rendement = 8 à 10 hors-d'œuvre

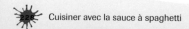

Placer la fontina, le taleggio, le lait et la sauce alfredo dans le haut d'un bain-marie. Couvrir et réfrigérer au moins 4 h ou jusqu'au lendemain.

Verser les liquides du bain-marie dans une grande casserole. Chauffer à feu moyen-doux 5 min pour les faire bouillotter, puis incorporer le beurre en fouettant. Lorsqu'il est complètement fondu, réduire le feu à doux et incorporer les jaunes d'œuf en fouettant. Chauffer à feu moyen-doux 15 min en fouettant de temps à autre.

Entre-temps, placer la partie supérieure du bain-marie sur un fond d'eau frémissante et faire chauffer 15 à 20 min en fouettant souvent, jusqu'à ce que le fromage fonde. Lorsque le fromage est fondu et relativement lisse (il se peut qu'un résidu de crème ne soit pas complètement amalgamé au fromage), verser dans le mélange à la sauce alfredo et chauffer à feu moyen-doux environ 5 min en fouettant sans cesse, jusqu'à ce que le mélange soit lisse. Incorporer l'huile de truffe (le cas échéant) et une pincée de sel en fouettant. Verser dans une marmite à fondue préchauffée et garder au chaud à feu très doux. Tremper le pain ou les légumes de votre choix en remuant souvent. Consommer dans les 2 h.

Croquettes de pomme de terre au gorgonzola et aux épinards

Les fonds de pâte feuilletée surgelés sont disponibles au rayon des pains surgelés de la plupart des épiceries. Pour transformer cet hors-d'œuvre en plat principal, laissez tomber les fonds de pâte feuilletée, délayez la sauce avec un peu de lait et servez-la sur un lit de nouilles fettuccine cuites.

2 c. à soupe de pignons, grillés et hachés
455 g (1 lb) de petites pommes de terre à pelure blanche ou rouge (environ 6), pelées et hachées finement
4 fonds de pâte feuilletée surgelés
500 ml (2 tasses) de sauce alfredo réfrigérée ou en bocal
3 c. à soupe de pesto préparé
3 c. à soupe de gorgonzola ou autre fromage bleu, émietté
250 ml (1 tasse) de jeunes pousses d'épinards lavées
sel et poivre noir moulu
1 c. à soupe de basilic frais, haché (facultatif)

Préchauffer le four à 200 °C (400 °F). Placer les pignons sur une plaque à pâtisserie et cuire au four 3 à 5 min en secouant la plaque une ou deux fois, jusqu'à ce que les noix soient dorées et aromatiques. Réserver sur une assiette.

Préparation = 10 min **Cuisson** = 30 min
Rendement = 4 hors-d'œuvre généreux

Entre-temps, mettre les pommes de terre dans une casserole moyenne et ajouter de l'eau pour couvrir. Porter à ébullition à feu vif, puis réduire le feu à moyen et laisser bouillir 12 à 15 min, jusqu'à ce que les pommes de terre soient tendres lorsqu'on les pique avec une fourchette. Égoutter les pommes de terre et réserver.

Placer les fonds de pâte feuilletée sur la plaque à pâtisserie les couvercles vers le haut. Cuire au four 20 à 25 min, jusqu'à ce qu'ils soient gonflés et dorés.

Rincer la casserole utilisée pour les pommes de terre et la faire chauffer à feu moyen. Ajouter la sauce alfredo et la faire chauffer 2 min de part en part. Ajouter le pesto, le gorgonzola, les épinards et les pommes de terre. Cuire 1 à 2 min, jusqu'à ce que les épinards commencent à flétrir. Assaisonner au goût.

Disposer les fonds de pâtisserie chauds sur de petites assiettes. Enlever les couvercles avec une fourchette. Ajouter le mélange uniformément dans chaque fond, en le laissant déborder un peu sur le côté jusque dans l'assiette. Garnir de pignons grillés et de basilic frais (le cas échéant).

Vol-au-vent au poulet à la méditerranéenne

Le poulet haché assaisonné est utile pour farcir les vol-au-vent feuilletés surgelés. Garnissez ces hors-d'œuvre tout simples de basilic frais haché. Si vous préférez, sinon, vous pouvez façonner le poulet en boulettes pour en faire des hamburgers sur le barbecue l'été.

1 boîte (280 g ou 10 oz) de vol-au-vent surgelés (6 vol-au-vent)
340 g (¾ lb) de poulet haché
4 c. à soupe de pesto rouge réfrigéré ou en bocal, en deux parts
2 oignons verts, les parties blanches et vert pâle, tranchés
  finement
sel et poivre noir moulu

Préchauffer le four à 200 °C (400 °F). Placer les vol-au-vent sur une plaque à pâtisserie. Cuire au four environ 10 min, jusqu'à ce qu'ils gonflent et commencent à se colorer.

   Entre-temps, dans un bol, combiner le poulet, 3 c. à soupe de pesto et les oignons verts. Retirer les vol-au-vent du four. À l'aide d'une fourchette, enlever délicatement les couvercles des vol-au-vent et réserver. Combler les vol-au-vent du mélange au poulet. Couvrir avec les couvercles réservés

   Réduire la température du four à 190 °C (375 °F). Cuire les vol-au-vent au four environ 18 min ou jusqu'à ce que le poulet grésille. Laisser reposer 5 min avant de servir.

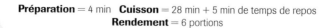

Préparation = 4 min   **Cuisson** = 28 min + 5 min de temps de repos
Rendement = 6 portions

Boulettes de viande épicées en cocktail

Cette recette est un peu plus compliquée que la plupart des recettes du livre, mais elle en vaut la peine. La sauce est onctueuse et épicée ; les boulettes sont légères et délicieuses.

1 tranche de pain sandwich
175 ml (¾ tasse) d'eau
3 tranches épaisses de bacon, émincées
1 c. à soupe d'ail émincé conservé dans l'huile
340 g (¾ lb) de porc haché
225 g (½ lb) de bœuf haché
2 gros jaunes d'œuf
1 c. à café (1 c. à thé) de piment ancho moulu
¾ c. à café (¾ c. à thé) de sel
½ c. à café (½ c. à thé) d'origan séché
60 ml (¼ tasse) de coriandre fraîche ou persil frais, haché
finement
1 c. à soupe d'huile d'olive
½ à 1 c. à café (½ à 1 c. à thé) de piment chipotle moulu
500 ml (2 tasses) de sauce tomate réfrigérée ou en bocal
aux poivrons rouges (ou à l'ail et aux oignons)

Réduire le pain en grosses miettes dans un robot culinaire ou en le hachant finement avec un couteau (environ 125 ml ou ½ tasse de miettes). Verser dans le bol d'un batteur électrique et incorporer l'eau.

Cuire le bacon dans une grande poêle à feu moyen 3 à 4 min, jusqu'à ce qu'il grésille. Ajouter les oignons et 1 c. à café (1 c. à thé) d'ail et cuire 3 à 4 min de plus, jusqu'à ce que le bacon soit cuit mais

Préparation = 30 min   **Cuisson** = 45 min
Rendement = 10 à 12 portions d'hors-d'œuvre (environ 40 petites boulettes)

non croustillant et les oignons soient ramollis. À l'aide d'une cuillère à égoutter, transférer le mélange au bacon dans un bol à mélanger. Incorporer le porc, le bœuf, les jaunes d'œuf, le piment ancho, le sel, l'origan et 3 c. à soupe de coriandre ou persil. Battre avec un batteur électrique à vitesse élevée 6 à 8 min, jusqu'à ce que le mélange soit léger et mousseux. Former des boulettes de 2,5 cm (1 po) entre les paumes ou avec deux cuillères trempées dans de l'eau froide.

Faire chauffer l'huile (ainsi que tout résidu gras du bacon) dans la même poêle à feu moyen. Ajouter les boulettes en deux lots et cuire 15 à 20 min en tournant souvent, jusqu'à ce qu'elles soient dorées de tous côtés (75 °C ou 160 °F au thermomètre à lecture rapide)
À l'aide d'une cuillère à égoutter, réserver sur un grand plateau de service chauffé et couvrir pour garder au chaud.

Ajouter les 2 c. à café (2 c. à thé) d'ail restant et le piment chipotle moulu à la poêle. Cuire à feu moyen 1 min, jusqu'à ce qu'un arôme se dégage. Ajouter la sauce tomate et laisser mijoter 5 à 8 min en grattant le fond de la poêle, jusqu'à obtention d'une sauce délayée. Transvider dans un robot culinaire ou mélangeur et réduire en purée (ou utiliser un mélangeur à main si possible). Retourner la sauce à la poêle avec les boulettes en les nappant uniformément de sauce. Couvrir et laisser mijoter 3 à 5 min à feu moyen-doux, jusqu'à ce que le mélange soit chauffé de part en part. Transférer les boulettes au plateau de service et verser la sauce par-dessus. Garnir de la c. à soupe de coriandre ou persil restant. Servir avec des cure-dents.

Œufs verts au jambon

Les enfants raffoleront de ce plat digne des jours de fête. Si possible, utilisez un pesto frais fait ou réfrigéré. La couleur verte du pesto frais est beaucoup plus vive que la couleur du pesto réfrigéré qui a tendance à ternir. Servez avec du pain grillé et beurré et des tomates à l'étuvée chaudes.

2 c. à soupe d'huile d'olive
4 tranches de bacon de dos ou une tranche de jambon désossé
   (d'une épaisseur d'environ 1 cm ou ¼ po), coupées en
   4 morceaux
8 gros œufs
125 ml (½ tasse) de pesto au basilic frais, réfrigéré ou en bocal
poivre noir moulu

Faire chauffer l'huile dans une grande poêle (de préférence antiadhésive) à feu moyen. Ajouter le bacon ou jambon et cuire environ 3 à 5 min par côté, jusqu'à ce qu'il soit légèrement doré des deux côtés. Réserver sur un plateau ou des assiettes et couvrir pour garder au chaud.

Entre-temps, battre les œufs et le pesto dans un grand bol à l'aide d'un fouet ou d'une fourchette. Poivrer légèrement.

Réduire le feu à doux et verser les œufs dans la poêle. Cuire doucement environ 10 min en grattant le fond de la poêle de temps en temps jusqu'à ce que les œufs coagulent. Servir avec le bacon ou jambon.

Frittata à la ratatouille

Dans le sud de la France, la ratatouille est aussi courante que le ketchup et accompagne les œufs à merveille.

2 c. à soupe d'huile d'olive, en deux parts
250 ml (1 tasse) de courgettes, en bouchées
250 ml (1 tasse) d'oignons hachés
250 ml (1 tasse) de poivrons tricolores hachés
2 c. à soupe d'estragon frais, haché finement
8 œufs
75 ml (⅓ tasse) d'eau
¼ c. à café (¼ c. à thé) de poivre noir moulu
sel
250 ml (1 tasse) de sauce tomate réfrigérée ou en bocal aux
  morceaux de légumes
175 ml (¾ tasse) de fromage suisse, râpé en filaments

Dans une grande poêle de préférence antiadhésive, faire chauffer 1 c. à soupe d'huile à feu moyen-vif. Ajouter les courgettes, les oignons, les poivrons et l'estragon et mélanger. Couvrir et cuire environ 5 min, jusqu'à ce que les légumes soient dorés. Réserver sur une assiette.

Entre-temps, dans un bol, battre les œufs, l'eau, le poivre et une pincée de sel. Retourner la poêle sur un feu moyen-vif. Ajouter la c. à soupe d'huile restante. Lorsque l'huile est chaude, verser le mélange aux œufs. Cuire 3 à 4 min en levant le contour des œufs avec une spatule lorsqu'il est pris pour laisser couler les œufs coulants par-dessous. Lorsque le fond est pris, éparpiller les légumes réservés sur le dessus. Couvrir avec la sauce et le fromage. Couvrir et réduire le feu à doux. Cuire 3 min ou jusqu'à ce que les œufs soient pris et le fromage fondu. Si désiré, cuire sous le gril 2 à 3 min à environ 20 cm (8 po) de l'élément chauffant pour gratiner.

Préparation = 5 min   **Cuisson** = 15 min   **Rendement** = 4 portions

Quiche aux tomates séchées et aux asperges

*Cette tarte salée peut être servie chaude
ou à température ambiante comme entrée
ou plat principal pour un brunch. Pour ajouter un peu
de saveur, incorporez du jambon ou prosciutto émincé.*

170 g (6 oz) d'asperges, coupées en morceaux de 1 cm (½ po)
1 fond de tarte réfrigéré de 22,5 cm (9 po)
250 ml (1 tasse) de sauce alfredo réfrigérée ou en bocal aux
   tomates séchées
2 œufs
½ c. à café (½ c. à thé) d'estragon séché
½ c. à café (½ c. à thé) de poivre noir moulu

Préchauffer le four à 180 °C (350 °F).

Faire chauffer environ 125 ml (½ tasse) d'eau dans une poêle moyenne à feu vif. Ajouter les asperges. Couvrir et cuire environ 2 min, jusqu'à ce que les asperges soient de couleur vert vif. Égoutter. Bien rincer à l'eau courante froide. Éponger et disposer en une couche égale dans le fond de tarte.

Dans un bol à mélanger, combiner la sauce, les œufs, l'estragon et le poivre. Battre avec une fourchette pour obtenir un mélange lisse. Verser dans la croûte. Cuire au four environ 35 min, jusqu'à ce que le mélange soit pris. Laisser reposer 15 min avant de servir.

Préparation = 5 min   **Cuisson** = 35 min + 15 min de temps de repos
Rendement = 4 à 6 portions

Strata aux pommes de terre, poivrons et épinards

Ce plat au four en couches est idéal pour le brunch au printemps ou tôt à l'automne. Vous pouvez l'assembler au complet la veille, puis le mettre au four le lendemain.

455 g (1 lb) de pommes de terre Yukon Gold ou autres à chair jaune, pelées et coupées en tranches de 0,25 cm (⅛ po)
250 ml (1 tasse) de poivrons rouges hachés
750 ml (3 tasses) de lait entier
250 ml (1 tasse) de bouillon de légumes ou eau
250 ml (1 tasse) d'oignons hachés
1 c. à café (1 c. à thé) de thym séché
sel et poivre noir moulu
8 gros œufs
500 ml (2 tasses) de sauce alfredo réfrigérée ou en bocal
1 c. à soupe de moutarde de Dijon
12 tranches de pain sandwich blanc ferme ou pain au levain
500 ml (2 tasses) de jeunes pousses d'épinards lavées
500 ml (2 tasses) de fromage gruyère râpé

Mettre les pommes de terre, les poivrons, 250 ml (1 tasse) de lait, le bouillon, les oignons et le thym dans une grande poêle profonde. Faire mijoter à feu moyen. Couvrir et laisser mijoter 12 à 15 min, jusqu'à ce que les pommes de terre soient presque tendres. Découvrir et laisser mijoter 5 à 8 min, jusqu'à ce que les pommes de terre soient tendres lorsqu'on les pique avec une fourchette et presque tout le liquide soit évaporé. Assaisonner (¼ à ½ c. à café ou ¼ à ½ c. à thé de sel et de poivre).

Préparation = 15 min **Cuisson** = 60 min (sans surveillance pour la plupart)
Rendement = 4 à 6 portions

Préchauffer le four à 180 °C (350 °F). Dans un grand bol, fouetter les œufs, la sauce alfredo, la moutarde et les 500 ml (2 tasses) de lait restant. Assaisonner.

Tapisser le fond d'un plat de cuisson peu profond de 4 litres (16 tasses) (un plat de 37,5 x 25 cm ou 15 x 10 po, par exemple) avec 6 tranches de pain. Verser juste assez de mélange aux œufs par-dessus pour couvrir en l'étendant uniformément. Étaler les feuilles d'épinards par-dessus en une couche. Étaler le mélange aux pommes de terre uniformément par-dessus les épinards. Saupoudrer de la moitié du fromage, puis disposer les 6 tranches de pain restantes en une couche par-dessus. Verser le mélange aux œufs restant par-dessus en appuyant sur le pain pour bien l'imbiber. Saupoudrer du fromage restant. (À ce stade, le plat peut être recouvert et réfrigéré jusqu'au lendemain au besoin. Cela améliore également la saveur.) Cuire au four à découvert 40 à 50 min, jusqu'à ce que les œufs soient pris et le fromage légèrement gratiné.

Soufflé aux champignons et au boursin

Le boursin est un fromage à la crème parfumé à l'ail et aux fines herbes avec une texture veloutée et légère. Si vous n'en trouvez pas, utilisez un chèvre émietté. Pour préparer des soufflés individuels, remplacez le grand plat à soufflé par six ramequins à paroi droite de 375 ml (1 ½ tasse). Servez le soufflé dès la sortie du four, après quoi il s'affaissera graduellement.

4 c. à soupe de beurre
1 c. à soupe de chapelure
125 ml (½ tasse) d'oignons hachés, hachés finement
455 g (1 lb) de champignons blancs ou cremini, hachés
375 ml (1 ½ tasse) de sauce alfredo réfrigérée ou en bocal
6 gros œufs, séparés
1 paquet de fromage boursin (140 g ou 5 oz), émietté finement
2 c. à soupe de persil frais, haché
1 c. à café (1 c. à thé) de moutarde de Dijon
sel et poivre noir moulu
pincée de crème de tartre

Préchauffer le four à 200 °C (400 °F).

Graisser généreusement un plat à soufflé de 2 litres (8 tasses) ou plat de cuisson profond avec 1 à 2 c. à café (1 à 2 c. à thé) de beurre. Parsemer de chapelure et tourner le plat pour la faire adhérer aux parois.

Préparation = 12 min   **Cuisson** = 40 min (sans surveillance pour la plupart)
Rendement = 6 portions

Faire chauffer le beurre restant dans une casserole à feu moyen. Ajouter les oignons et faire revenir environ 4 min, jusqu'à ce qu'ils soient dorés. Ajouter les champignons et cuire 5 à 6 min, jusqu'à ce qu'ils rendent leur jus et presque tout le liquide soit évaporé. Réserver dans une passoire pour égoutter.

Ajouter la sauce alfredo à la casserole et chauffer de part en part. Retirer du feu et incorporer les jaunes d'œuf, le fromage, le persil et la moutarde. Assaisonner légèrement. Incorporer les champignons.

Mettre les blancs d'œuf et la crème de tartre dans un grand bol propre. Battre à vitesse moyenne avec des batteurs propres environ 5 min, jusqu'à la formation de pics durs. Incorporer environ 125 ml (½ tasse) des blancs d'œuf dans le mélange aux champignons pour l'alléger. Incorporer délicatement les blancs d'œuf restants en prenant soin de ne pas les dégonfler.

Verser délicatement dans le plat préparé et cuire au four 30 à 35 min, jusqu'à ce que le soufflé soit gonflé et doré sur le dessus. Une brochette insérée au centre devrait sortir légèrement humide sans être mouillée.

Chips et trempette chaude au cheddar

*Cette trempette est idéale pour regarder
un match sportif et se garde au chaud sur
la cuisinière. Ou vous pouvez mettre la casserole
sur un réchaud à puissance élevée. Servez avec
des légumes, tels que brocolis ou poivrons rouges en tranches,
légèrement cuits à la vapeur. Sinon, servez-la avec
des blocs de pain pour tremper.*

**375 ml (1 ½ tasse) de sauce au fromage cheddar réfrigérée
ou en bocal**
500 ml (2 tasses) de cheddar ou Jack au poivre râpé en filaments
**175 ml (¾ tasse) de salsa aux tomates réfrigérée ou en bocal,
égouttée**
1 c. à café (1 c. à thé) de chili en poudre
1 gros sac (560 g ou 20 oz) de tortillas

Combiner la sauce au cheddar, le cheddar ou Jack au poivre, la salsa
égouttée et le chili en poudre dans une casserole moyenne. Faire
chauffer à feu moyen-doux 10 à 12 min, jusqu'à ce que le fromage
fonde et les saveurs s'amalgament. Servez avec des tortillas.

Préparation = 2 min **Cuisson** = 12 min
Rendement = 8 à 10 portions (1 litre ou 4 tasses)

Crostinis tartinés
aux tomates et aux noisettes

Le pain grillé maison a toujours meilleur goût que les craquelins du commerce. Toutefois, si vous êtes mal pris, vous pouvez remplacer les crostinis par des craquelins. Si vous n'avez pas de noisettes, utilisez des amandes blanchies.

1 baguette (225 g ou ½ lb), tranchée en biais en tranches de 0,5 cm (¼ po) (environ 16 tranches)
3 gousses d'ail
150 ml (⅔ tasse) d'huile d'olive
sel et poivre noir moulu
175 ml (¾ tasse) de noisettes blanchies
300 ml (1 ¼ tasse) de sauce tomate réfrigérée ou en bocal à l'ail et aux oignons
1 c. à soupe de paprika
1 c. à soupe de vinaigre balsamique
2 c. à café (2 c. à thé) de jus de citron
⅛ c. à café (⅛ c. à thé) de poivre de Cayenne

Préchauffer le four à 200 °C (400 °F). Disposer les tranches de pain sur une grande plaque à pâtisserie. Écraser 2 gousses d'ail et les mettre dans un petit bol. Incorporer 75 ml (⅓ tasse) d'huile d'olive en remuant.

Badigeonner les tranches de pain d'huile à l'ail des deux côtés, puis assaisonner légèrement. Cuire au four 4 à 6 min par côté, jusqu'à ce qu'elles soient dorées des deux côtés. Retirer du four et laisser tiédir.

Entre-temps, mettre les noisettes, la sauce tomate, le paprika, le vinaigre balsamique, le jus de citron et le poivre de Cayenne dans un robot culinaire et assaisonner. Réduire en purée, jusqu'à ce que les noix soient moulues. Pendant que le moteur est en marche, ajouter les 75 ml (⅓ tasse) d'huile d'olive restante par l'entonnoir. Actionner en grattant les parois au besoin, jusqu'à ce que le mélange forme une pâte délayée (ressemblant à une pâte de tomate délayée). Servez avec les crostinis pour tremper ou tartiner.

Préparation = 10 min   **Cuisson** = 10 min
Rendement = 8 portions

Spirales au pesto, aux poivrons rôtis et au provolone

*Voici un joli hors-d'œuvre pour une fête informelle –
surtout l'été. Aucune cuisson n'est requise et
le mets est prêt en moins de 15 min.*

4 tortillas à la farine de 20 cm (8 po)
125 ml (½ tasse) de pesto au basilic réfrigéré ou en bocal
225 g (½ lb) de provolone en tranches (environ 8 tranches)
500 ml (2 tasses) de roquette ou jeunes pousses d'épinards
    lavées
250 ml (1 tasse) de lanières de poivrons rôtis en bocal, égouttées

Mettre deux tortillas sur une assiette pour four à micro-ondes.
Faire chauffer très brièvement au four à micro-ondes 8 à 10 sec à
puissance moyenne, jusqu'à ce qu'elles soient pliables et légèrement
chaudes. Répéter pour les deux autres tortillas.

    Tartiner le pesto uniformément sur les tortillas. Compléter avec
le provolone, la roquette et les poivrons rôtis. Rouler très serré,
puis trancher sur la largeur en tranches d'environ 1 cm (½ po).

Préparation = 10 min   **Cuisson** = 20 sec
Rendement = 8 portions (28 à 32 spirales)

Bouchées de crabe
à la diable

*Vous cherchez un hors d'œuvre rapide
et distingué ? La farce pour ces hors-d'œuvre
peut se faire une journée d'avance et être réfrigérée.
Puis, il ne vous reste qu'à remplir les fonds
de pâte phyllo (jusqu'à une heure à l'avance)
et les cuire 10 min avant de servir.*

1 c. à soupe de beurre

2 c. à café (2 c. à thé) d'ail émincé conservé dans l'huile

2 c. à soupe de vin blanc ou xérès ou 1 c. à soupe de jus de citron

115 g (¼ lb) de fromage à la crème

175 ml (¾ tasse) de sauce alfredo réfrigérée ou en bocal

1 c. à café (1 c. à thé) de moutarde de Dijon

½ c. à café (½ c. à thé) de sel

¼ c. à café (¼ c. à thé) de poivre de Cayenne

1 c. à soupe d'estragon, d'aneth ou de persil frais, émincé

455 g (1 lb) de chair de crabe bleu

2 boîtes (58,8 g ou 2,1 oz chacune) de mini-fonds de pâte phyllo,
   dégelées au besoin

150 ml (⅔ tasse) de fromage parmesan râpé

Faire fondre le beurre dans une casserole moyenne à feu moyen.
Ajouter l'ail et cuire 2 à 3 min, jusqu'à ce qu'un arôme se dégage.
Ajouter le vin ou jus de citron et laisser mijoter 2 min, jusqu'à ce
que le liquide soit presque évaporé. Ajouter le fromage à la crème
et la sauce alfredo, la moutarde, le sel et le poivre de Cayenne et
remuer 2 à 3 min, jusqu'à ce que le fromage fonde. Retirer du feu
et incorporer délicatement l'estragon et le crabe.

Préchauffer le four à 180 °C (350 °F). Remplir les fonds de pâte
phyllo du mélange au crabe et saupoudrer de parmesan. Cuire au
four 8 à 10 min, jusqu'à ce qu'ils soient chauffés de part en part.

Préparation = 10 min   **Cuisson** = 18 min
Rendement = 8 à 10 hors-d'œuvre

Liste des recettes

Recettes requérant 5 ingrédients ou moins

Recettes prêtes en 15 minutes ou moins

Remerciements

Deux cent douze bocaux de sauce et 16 mois plus tard, il est temps de remercier tous ceux qui ont permis de mettre ce livre entre vos mains. Ça été un plaisir de travailler avec des gens si intelligents, créatifs et amusants. Pour avoir goûté à d'innombrables variétés de sauces à pâtes, testé des recettes et offert leurs commentaires utiles, je remercie Cathy, Ken, Nick, Tomias et Tessa Peoples ; Mark Taylor ; Mark Bowman ; Jill, Mike, Bradley et Scott Polek ; Tom Aczel et Michele Raes ; Dan McKinney ; Sharon, Walter, Tess and Emma Sanders ; Andrew et Kim Brubaker ; Doug Ashby et Danielle Lubené ; et Billy Melcher.

Un gros merci à Meera Malik pour les mois passés à éprouver des recettes, son œil vif et sa capacité d'écouter de la musique forte au moment où cela était le plus nécessaire.

J'exprime ma plus profonde gratitude envers Lisa Ekus, Holly Schmidt, Rosalind Wanke, Claire MacMaster, John Gettings, Laura McFadden, Sylvia McArdle et Derek Sussner pour m'avoir aidé à donner à ce livre un look et un ton qui le rendent si agréable à feuilleter.

Un merci tout particulier s'adresse à Sharon Sanders pour ses papilles gustatives inimitables et son assistance dans l'élaboration des recettes tôt dans l'écriture du livre. Merci également à Andrew Schloss, Raghavan Iyer et Nick Malgieri pour leurs encouragements, rires et perspicacité très terre à terre. À Christine Bucher, câlins et bisous en reconnaissance de son inépuisable vivacité d'esprit, sagesse et impertinence. Enfin, merci à August et Maddox pour avoir si goulûment léché leurs petits doigts.